8º L57 b
13528 bis

AF475252

Documents manquants (pages, cahiers...)

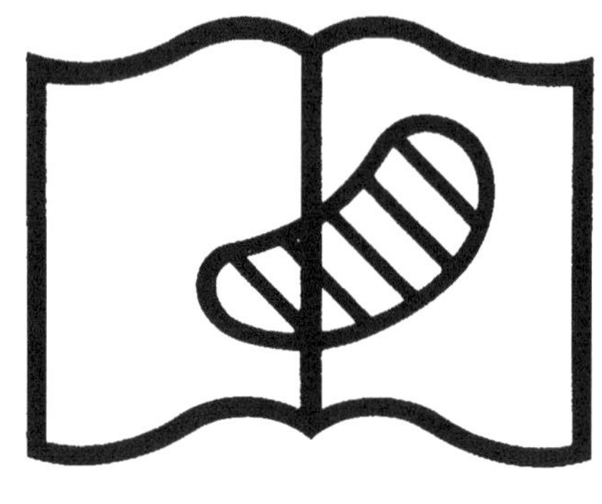

Original illisible

PARTI SOCIALISTE

(Section Française de l'Internationale Ouvrière)

BIBLIOTHÈQUE NATIONALE R.F. IMPRIMÉS

XXVIIe Congrès National

8-9-10-11 JUIN 1930

BORDEAUX

RAPPORTS

D. L.
03780 -7-4-33
— A —

PARIS
LIBRAIRIE POPULAIRE
12, Rue Feydeau

1930

8L57
13528bis

Rapport Moral

PRÉSENTÉ

PAR PAUL FAURE

Secrétaire Général du Parti

Il y aura dix ans, au 1er janvier prochain, que, sur l'ordre de Moscou, une majorité folle, composée surtout de nouveaux venus de la guerre ou de l'après-guerre, brisa l'Unité socialiste fondée en 1905, au Congrès de la Salle du Globe.

Les délégués de plus de 120.000 membres du Parti créèrent le Parti Communiste.

Le reste, dans le désastre qui paraissait l'accabler, et sans trop savoir ce qu'il représentait, déclara fièrement, et avec netteté, qu'il demeurait fidèle au Socialisme.

Ainsi étaient sauvegardées, pour le moment, les assises doctrinales et politiques de l'Unité, œuvre des hommes de 1905, qui avaient répondu alors aux émouvants appels que l'Internationale leur avait adressés l'année précédente à Amsterdam.

Mais qu'allaient être les lendemains ? Sur quel chiffre d'adhérents anciens pourrait-on compter ? Et si ceux-là répondaient en trop petit nombre, est-ce que l'afflux possible de nouveaux adeptes, sans culture socialiste suffisante, n'allait pas faire glisser peu à peu, ou même brutalement, le Socialisme hors de son cadre doctrinal de parti de classe et de ses traditions de formation de combat ?

Ce sont ces problèmes qui agitaient les esprits inquiets et les cœurs angoissés des hommes qui revenaient de Tours après le drame de la scission.

Les camarades avaient bien voulu me charger des délicates fonctions de Secrétaire Général, en collaboration au Secrétariat administratif avec Hubert Rouger.

Nous fîmes, durant des mois, le tour de nos champs dévastés. Démarches après démarches, lettres après lettres, déplacements dans tous les coins, d'un bout du pays à l'autre. De bribes et de morceaux, sous les menaces, les huées et les violences communistes, sous les abominables campagnes de *l'Humanité*, nous parvînmes à refaire nos Fédérations, à maintenir une partie de leurs cadres, à recruter *réellement* une trentaine de mille d'adhérents. Ce n'était certes pas brillant. Mais avec de la ténacité, de la patience et quelque peu d'activité méthodique, et les dévouements admirables que nous rencontrions, on devait sans doute bientôt faire mieux.

Chaque année marqua, en effet, de nouveaux progrès.

A la fin de 1929, quand nous jetions un regard autour de nous, il nous était donné d'apprécier l'étendue de nos « domaines ».

Un journal central, le *Populaire de Paris*, qui donne satisfaction au lecteur et qui se transforme encore de façon fort heureuse sous l'impulsion de l'animateur remarquable qu'est Compère-Morel. Cinq quotidiens en province : à Limoges, à Toulouse, à Clermont-Ferrand, à Mulhouse et à Strasbourg ; un sixième à Tunis.

Plus de quatre-vingts hebdomadaires fédéraux qui bataillent pour nos idées.

Cent-vingt mille adhérents, quatre mille Sections, un groupe à la Chambre de plus de cent élus, seize sénateurs.

Les quatre premiers mois de 1930 nous permettent de penser, si on en juge par la prise des cartes et des timbres-cotisations, que nos forces d'organisation s'accroîtront très sensiblement au cours du présent Exercice.

Voilà l'œuvre vivante de nos militants.

C'est miracle qu'ils se soient tirés de l'abîme où les avait précipités la scission. Ils ont vaincu tous les obstacles. Ils ont fait front aux attaques insensées du bolchevisme, comme à celles de tous les partis bourgeois. Ils marchent désormais vers les cîmes et rien ne pourra briser leur irrésistible élan, ni arrêter leur marche victorieuse.

***

Depuis le Congrès de Nancy, la minorité ne siège pas à la C.A.P.

On sait que les délégués de la majorité avaient vainement insisté auprès de leurs camarades de la minorité pour qu'ils revinssent sur leur décision. Les objurgations furent inutiles. En conséquence, le Congrès National de Nancy désigna les membres de la nouvelle C.A.P., dont le mandat expirera au Congrès de Bordeaux.

Je rappelle ce fait pour montrer :

1° Que la minorité n'était pas fondée à réclamer sa représentation au Congrès National extraordinaire de la

Salle Jean-Jaurès, le 26 janvier 1930, les organismes centraux n'étant pas alors statutairement renouvelables ;

2° Que la minorité a tort chaque fois qu'elle se plaint d'une non-représentation provisoire dont elle porte seule la responsabilité entière.

Je dois ajouter que les membres de la minorité de la Commission Nationale des Conflits et du Conseil d'administration du *Populaire* — sauf un pour ce dernier organisme — ont démissionné de leurs fonctions ou n'ont pas voulu en accepter le renouvellement.

Nous avons très sincèrement déploré ces divers incidents, et nous avons dû assumer, à notre corps défendant, le fonctionnement des divers organismes du Parti avec les seuls éléments de la majorité.

Nous l'avons fait de notre mieux, sans sectarisme aucun, portés uniquement par le souci de bien servir le Parti et le Socialisme.

Aux camarades de nos Fédérations d'apprécier si nous avons bien rempli ce mandat.

***

Les événements politiques ont été de haute importance depuis notre Congrès de Nancy.

Il y a eu les élections sénatoriales qui ne comptaient pas jadis pour nous quand nous n'avions qu'une poussière de délégués sénatoriaux. Mais nous figurons honorablement dans ces combats depuis qu'a grossi notre contingent d'élus cantonaux et municipaux. Aussi, par un manifeste spécial, avons-nous vivement insisté auprès des Fédérations où devait avoir lieu la convocation des collèges sénatoriaux, pour qu'elles présentent partout des candidats du Parti avec le programme du Parti.

Fin octobre 1929, la chute du Cabinet Briand provoqua ce qu'on a appelé les « offres de M. Daladier », et cet événement jeta notre Parti dans une extrême agitation.

Je n'y reviens que pour mémoire.

Un Conseil National fut convoqué les 28 et 29 octobre, sur la demande du Groupe parlementaire. Il rejeta les propositions de M. Daladier par l'ordre du jour publié d'autre part.

En janvier 1930, un Congrès extraordinaire, convoqué encore à la demande du Groupe parlementaire, eut également à débattre la question si controversée de la participation des socialistes au Gouvernement.

Nos Sections furent saisies de tous documents utiles à cet égard. Le *Populaire* publia un grand nombre d'articles de toutes les tendances. Partout, les militants se passionnèrent, des votes s'exprimèrent dans toutes les Sections. C'est dire que la décision de ce Congrès traduisit bien la volonté et la pensée du Parti. Elle fait actuellement autorité. Elle est la règle pour tous, tant qu'un nouveau Congrès ne l'aura pas infirmée.

L'effort de la C.A.P. et du Groupe parlementaire s'est exercé très activement à l'occasion des élections partielles. Rappel pressant a été fait aux Fédérations d'avoir à y participer. On sait les résultats. Le *Temps* les commentait en ces termes : « *Quant aux gains réalisés par les socialistes, ils sont d'une importance et d'une netteté telles qu'on peut les considérer comme l'une des données caractéristiques de la politique générale actuelle* ».

Si l'adversaire lui-même souligne ainsi nos succès, c'est qu'il est impossible d'en nier la réalité et d'en contester l'ampleur.

Nous avons gagné cinq sièges, au moment où j'écris ces lignes. Voilà le fait. On comprend sans peine l'émotion et l'inquiétude des ennemis et des faux amis du Socialisme.

Réjouissons-nous donc sans réserve.

L'élection de notre camarade Simounet, à Bergerac, a donné lieu à de nombreux commentaires et à d'interminables polémiques dans la presse.

Un court historique en est sans doute utile.

Avant toute chose, il faut savoir que la Fédération socialiste de la Dordogne, dans un Congrès tenu le 20 décembre, avait, à l'unanimité, décidé qu'en aucun cas, elle ne retirerait son candidat, à l'élection partielle de Bergerac, en faveur de M. Quennesson, candidat du Parti radical.

Il est bon de noter qu'en 1928, aux élections générales, dans la même circonscription, le candidat du Parti, qui se trouvait être le même camarade Simounet, avait, par son désistement, assuré la victoire du candidat radical Faugère sur le candidat des réactionnaires, Robert David.

La mesure spéciale prise contre M. Quennesson était inspirée des motifs suivants :

Ce Quennesson était, il y a une dizaine d'années, membre du Parti socialiste. Il fut propagandiste et candidat en 1914 et en 1919 en Seine-et-Oise. Puis il passa au Communisme, qu'il abandonna pour entrer au Parti radical.

Voilà le bagage de palinodies et d'avatars de ce singulier politicien.

Mais il y a autre chose. Nos camarades de la Dordogne, frappés des dépenses inouïes auxquelles il se livrait, firent une enquête sur les origines de sa fortune. Ils acquirent la preuve qu'il y a quelques années, M. Quennesson, qui, alors, se faisait appeler Noël Hardy, ne disposait d'aucune ressource. Son ascension fut foudroyante. Il est, aujourd'hui, placé au premier rang des quelques milliers de capitalistes qui possèdent les principales sources de richesses.

On le trouve notamment à la *Direction de la Compagnie Générale des Voitures à Paris ;* au Conseil d'administration de *l'Immobilière des Voitures à Paris ;* de *l'Urbaine-Voiture;* de la *Compagnie auxiliaire des Voitures à Paris ;* de la *Société Industrielle des Textiles de Roubaix.*

Sa campagne électorale, d'après les témoignages de tous nos camarades, fut scandaleuse de corruption et d'injures contre le Socialisme, qu'il avait défendu jadis, avant que le Capitalisme ne lui eût ouvert ses portes dorées.

C'est dans ces conditions que la Fédération de la Dordogne, unanime, maintint son candidat Simounet au second tour.

A toutes les raisons ci-dessus, elle ajoute cette considération « qu'il n'y avait aucun péril réactionnaire ».

Ici, une confession d'ordre personnel : dès après le premier tour, j'avais cru devoir me joindre à ceux qui insistèrent pour obtenir le désistement de Simounet en faveur de M. Quennesson. Si j'avais connu tout ce que j'ai appris par la suite, j'aurais eu une attitude différente et me serais expliqué les positions prises par la Fédération de la Dordogne et les Sections du Bergeracois.

Signalons, en outre, que M. Quennesson n'avait pas obtenu l'investiture de la Fédération radicale du département, qui avait pour cela de bonnes raisons ; qu'au premier tour, plusieurs élus cantonaux radicaux de l'arrondissement avaient marché pour Simounet contre le candidat de leur propre Parti et que deux autres Conseillers généraux radicaux, qui avaient voté pour M. Quennesson au premier tour, « libérèrent leur conscience » et invitèrent leurs amis à voter pour Simounet, pour des raisons de moralité politique.

On comprend mal, dès lors, la grande indignation de M. Daladier. Ou plutôt, on se rend parfaitement compte des motifs d'intérêts de Parti qui l'ont déterminée.

Aucun socialiste ne sera dupe.

Ainsi, nos camarades auront sous les yeux des éléments d'appréciation. Ils répondront aux attaques perfides de nos adversaires que, depuis toujours, le Parti socialiste combat la réaction sous toutes ses formes et en toutes occasions, et, qu'à cet égard, il n'a de leçons à recevoir de personne.

Ces élections partielles, qui ont fourni la preuve de la vitalité et des progrès de notre Parti, ont été l'occasion d'interventions diversement appréciées de la C.A.P. et du Groupe parlementaire. Il a été question des attributions statutaires de ces deux organismes et du danger de friction entre eux.

Le paragraphe 2 du Pacte d'Unité et l'article 44 des Statuts définissent le rôle du Groupe socialiste au Parlement.

L'article 39 des Statuts fixe, d'autre part, les attributions de la C.A.P.

Peut-être le Congrès devra-t-il apporter quelques précisions afin d'éviter les malentendus, les désaccords ou les frictions dans l'avenir, et rappeler que les textes ci-dessus font loi ?

***

J'ai résumé rapidement l'action de la C. A. P. depuis Nancy. Notre mandat se terminera au Congrès de Bordeaux.

D'ici là, toutes nos Sections seront appelées à se prononcer sur notre gestion et à juger nos actes.

Nous avons été souvent critiqués par des camarades. Peut-être critiques et reproches n'étaient-ils pas toujours justes ? Mais nous ne nous plaignons pas. Nous sommes un Parti où chacun doit dire ce qu'il pense et tout ce qu'il pense sur les idées et les méthodes. Nous ne croyons pas au dogme des personnalités indispensables. D'autres peuvent sans doute faire aussi bien et mieux que nous. Que le Parti décide.

Notre tâche a été rude et délicate. Nous avons fait ce que nous avons pu, aidés et réconfortés par l'aide et la confiance de la grande majorité des militants, à qui nous exprimons notre affectueuse gratitude.

Paul Faure.

Rapport Administratif

PRÉSENTÉ

PAR J.-B. SÉVERAC

Secrétaire-Adjoint du Parti

DU CONGRÈS DE NANCY

(JUIN 1929)

AU CONGRÈS DE BORDEAUX

(JUIN 1930)

On trouvera surtout dans ce rapport la suite des principales décisions prises par les Congrès du Parti, les Conseils Nationaux et la Commission Administrative permanente, depuis le Congrès de Nancy inclusivement (9-12 Juin 1929) jusqu'à la fin du mois d'Avril 1930.

I

LES DÉCISIONS DU CONGRÈS DE NANCY

(9-12 Juin 1929)

Le Congrès de Nancy avait, à son ordre du jour, la discussion des rapports statutaires, la revision des Statuts du Parti, le problème du Parti socialiste et de l'Ecole, le problème de l'application de la loi sur les Assurances sociales, enfin le renouvellement des organismes centraux du Parti.

La revision des Statuts

Par 2.030 voix contre 827, avec 125 abstentions et 40 absences, le Congrès a modifié les Statuts du Parti comme suit :

ANCIENS STATUTS	NOUVEAUX STATUTS
Article 25	
Dans les délibérations du Congrès National, le vote par mandats est de droit, s'il est réclamé par le dixième des délégués.	Dans les délibérations du Congrès National *et du Conseil National*, le vote par mandats est de droit, s'il est réclamé par le dixième des délégués.
Article 30	
Le Conseil National est constitué par les délégués des Fédérations et la C.A.P. élue par le Congrès National.	Le Conseil National est constitué par les délégués des Fédérations. *Les membres de la C.A.P. et de la délégation exécutive du Groupe Socialiste au Parlement assistent aux réunions du Conseil National avec voix consultative.*
Article 31	
La représentation des Fédérations est calculée, etc..	*Chaque Fédération envoie un délégué au Conseil National.*
Article 32, alinéa 2	
La C.A.P. s'adjoindra toutes les fois que les circonstances, etc...	(*Cet alinéa est supprimé*).

ARTICLE 36

Le Conseil National sera convoqué en réunion ordinaire deux fois par an, en réunion extraordinaire, chaque fois que la demande en sera faite par le quart des membres du Conseil ou que la C.A.P. le jugera nécessaire.

La convocation sera adressée aux Secrétaires fédéraux au moins quinze jours avant la date de la réunion.

Le Conseil National sera convoqué en réunion ordinaire *tous les trois mois*, en réunion extraordinaire, chaque fois que la C.A.P. le jugera nécessaire *ou que le Groupe Socialiste au Parlement lui en fera la demande.*

La convocation sera faite au moins quinze jours avant la date de la réunion. *En cas d'urgence, aucun délai n'est exigible.*

Le Congrès a voté unanimement :

Le Congrès charge la C.A.P. d'examiner, pour lui en faire rapport, la question de savoir si les modifications statutaires relatives au Conseil National doivent entraîner des modifications relatives à la C. A. P.

Concernant la cotisation des élus, l'article 45 des Statuts est désormais rédigé comme suit :

Les membres du Groupe Socialiste au Parlement sont tenus à une cotisation mensuelle dont le montant et la répartition sont fixés par le Congrès.

Le Congrès a fixé à 500 francs le montant de la cotisation mensuelle des élus : savoir 200 francs à la Caisse Centrale du Parti, 100 francs à la Fédération de l'élu, 50 fr. au Groupe Socialiste au Parlement; 150 francs à l'organe qui a fait les frais de l'élection. Ces dispositions entreront en vigueur à partir du 1er janvier 1930. Pendant l'année 1930 les Fédérations verseront 50 francs par élu et par mois à la Maison du Parti.

L'action parlementaire

C'est aussi à l'unanimité que le Congrès a voté la résolution concernant l'action des élus socialistes au Parlement. La voici :

Le Congrès, constatant avec satisfaction l'attitude unanime de ses élus au Parlement dans la presque totalité des votes ;

Regrettant que sur quelques cas exceptionnels, tant à la Chambre qu'au Sénat, l'unité de vote n'ait pas été complètement respectée ;

Décide à ne tolérer, sous aucun prétexte, aucune exception future ;

Fait sienne la résolution suivante du Groupe Parlementaire :

« Le Groupe Socialiste estime qu'il est utile, en principe, de revendiquer, pour des membres délégués dans les Commissions, les fonctions de Président, de Vice-Président, de Rapporteur ;

« Le groupe statuera sur toutes les autorisations à donner aux élus, soit pour poser leur candidature, soit, en cas d'élection urgente, pour conserver leur fonction. Dans tous les cas où les décisions du Groupe Socialiste seront en opposition avec les décisions de la majorité de la Commission, le Président, le Vice-Président ou le Rapporteur socialistes devront en informer aussitôt le Groupe, qui assurera l'unité de vote des élus au mieux des intérêts dont il a la charge ».

Le Congrès invite le Groupe Parlementaire à insérer cette disposition dans son Règlement intérieur et à assurer le respect de ces décisions par tous les élus socialistes au Parlement.

Il estime également qu'il est plus que jamais nécessaire de mener contre les forces de conservation sociale au Parlement et dans le pays, la bataille la plus énergique, seule compatible avec l'existence même du Parti.

Il déclare que, dans la situation actuelle, l'action du Groupe reste réglée par les principes posés par le Parti, dans sa résolution du Congrès de Toulouse, en 1928.

Les Assurances Sociales

Résolution unanime :

Considérant que la loi des Assurances Sociales, quelles que soient ses lacunes, représente un progrès social considérable ;

Le Congrès, appelé à fixer l'attitude du Parti dans la période actuelle de préparation à l'application de la loi du 5 avril 1928, pose d'abord comme principe absolu que cette loi, si impatiemment attendue par le prolétariat, doit être appliquée le 5 février 1930 ;

Il estime que le Parti a le devoir d'apporter son aide à la Confédération Générale du Travail, qui s'efforce de grouper les salariés pour qu'ils gèrent eux-mêmes les fonds des Assurances Sociales.

En conséquence, il invite la C. A. P., les Fédérations et les Sections à prendre toutes les mesures utiles et à mener l'action nécessaire en vue de l'adhésion des travailleurs assurés aux Caisses « Le Travail », fondées par la C. G. T. et les Unions départementales.

Il se joint à la C. G. T. pour élever la plus énergique protestation contre le projet déposé par le Gouvernement, le 19 mars dernier, au Sénat, dans toute la mesure où il tend à modifier profondément les dispositions essentielles de la loi.

Il dénonce notamment, comme une capitulation devant les exigences patronales, les dispositions qui suppriment la majorité accordée par la loi aux délégués des ouvriers dans les Conseils d'administration des Caisses et qui introduit la représentation patronale dans les Caisses créées par les groupements spontanés d'assurés.

Le Congrès donne mandat au Groupe Socialiste Sénatorial et au Groupe Socialiste de la Chambre, de combattre les modifications ci-dessus ;

Il réclame, une fois de plus, la participation financière de l'Etat aux Assurances sociales, considérée comme le seul moyen financier d'améliorer sérieusement la réforme et de lui donner toute son ampleur ; notamment en permettant, avec le concours de l'Etat, d'accorder le bénéfice complet de la loi aux petits exploitants agricoles, aux artisans, aux vieux ouvriers des villes et des champs.

Le Parti Socialiste et l'Ecole

Le rapport suivant, présenté par Emile Kahn, a été voté à l'unanimité :

Les récents événements politiques (affaires d'Alsace, débats sur les congrégations et sur les diocésaines marquent le début d'une nouvelle bataille laïque. Le Parti Socialiste n'a jamais pris l'initiative de cette bataille qui s'engage. Il ne peut pas, il ne veut pas y demeurer étranger. Mais d'abord, élevant le débat aux considérations de principe et de méthode, il entend définir et préciser une fois de plus sa doctrine et son programme d'action pratique sur le double problème de la laïcité et de l'enseignement.

Le Parti Socialiste est un Parti de laïcité fermement attaché à la liberté de conscience. Il reconnait à chaque individu le droit de croire ou de ne pas croire, de pratiquer ou de s'abstenir de toute pratique. Il déclare, avec Jaurès, que la liberté de toutes les croyances, la liberté de tous les cultes est un article essentiel du programme républicain et socialiste. La religion est à nos yeux chose privée qui ne relève et ne doit relever que de la conscience de chacun. Et l'Etat ne doit pas plus intervenir pour la détruire que pour l'imposer ou la propager.

Du principe même de la liberté de conscience découle, en effet, la neutralité nécessaire de l'Etat en matière philosophique et religieuse. Cette neutralité qui trouve son expression juridique dans la séparation absolue des Eglises et de l'Etat, le Parti Socialiste a puissamment contribué à l'instituer en France. Il entend l'y maintenir et la défendre contre les retours offensifs du cléricalisme concordataire. Mais toute l'évolution de l'histoire affranchissant tour à tour la science, l'Etat, la société de la tutelle de l'Eglise les a constitués en organismes laïques, c'est-à-dire soumis aux seules règles de la raison. D'autre part, la démocratie, tentative hardie de gouvernement de l'homme par l'homme, ne se justifie que par l'idée laïque, acte de confiance dans la raison humaine.

Enfin, dans sa bataille quotidienne, le socialisme trouve devant lui l'Eglise hostile, de même qu'à partir de la Révolution française l'Eglise s'est alliée aux adversaires des droits de l'homme, de la République et de la démocratie, que la papauté n'a pas cessé de les condamner en principe et le clergé de les combattre en fait, de même elle a fait un pacte, dès la naissance du socialisme, avec le grand capitalisme.

Le capitalisme a mis sa puissance au service des prétentions cléricales ; l'Eglise a mis son pouvoir au service du privilège capitaliste. Tels ils se trouvent toujours étroitement associés dans la commune résistance aux aspirations populaires, tels on les voit sent en Italie pour asservir le peuple à la double contrainte de l'oppression dictatoriale et de la tutelle cléricale, tels on les voit en France, s'appuyant l'un sur l'autre, poursuivre ensemble la conquête du pouvoir politique, peser ensemble, pour leurs communs intérêts sur les Gouvernements, les Assemblées, la presse et le corps électoral, enfin s'assurer ensemble, par la pression et la menace, la soumission des individus et des familles qu'ils tiennent à leur merci.

Pour toutes ces raisons tant doctrinales que politiques le Parti Socialiste est anticlérical, c'est-à-dire, au sens propre du mot, résolument opposé aux empiètements de l'Eglise sur tout ce qui n'est pas du domaine de la conscience. Le Parti Socialiste est anticlérical en tant qu'il rencontre l'Eglise dans toutes les entreprises de réaction politique et de conservatisme social. L'anticléricalisme, pour lui, loin d'être raillerie mesquine ou persécution sectaire, signifie au contraire défense de la liberté pour tous, protection assurée à tous contre toutes les forces coalisées de contrainte et devient une forme de sa lutte de classes.

En conséquence, le Parti Socialiste, sans jamais se prêter à la manœuvre de ceux qui chercheraient, dans un anticléricalisme de façade, une diversion aux problèmes sociaux, mais considérant au contraire que la bataille laïque est inséparable de la bataille sociale ;

Décide de défendre avec vigueur, avec passion, contre toutes surprises, contre toutes les menaces, les institutions de laïcité ;

Déclare que si la séparation des Eglises et de l'Etat est pour la plus grande partie de la nation un fait accompli, elle doit être étendue à tout le territoire, Alsace et Lorraine comprises ;

Que la laïcisation totale des services publics point encore achevée, doit être poursuivie sans défaillance ;

Que le refus systématique de la part du Gouvernement actuel d'appliquer les lois laïques ne saurait être toléré et que les dispositions récentes en faveur des congrégations missionnaires et des associations diocésaines, en ce qu'elles altèrent les lois fondamentales de 1904 et de 1905 doivent être rapportées ;

Enfin, le Parti Socialiste met en garde tous ses membres contre le péril de déclarations insuffisantes ou équivoques en matière de laïcité. Ni l'attitude de ses candidats, ni l'action de ses élus ne doit permettre aucun doute sur la fermeté laïque du Parti.

Le Socialisme attache la plus haute importance au problème de l'enseignement. Plus encore que la démocratie politique, créatrice de l'enseignement populaire, la démocratie économique issue de la Révolution sociale exigera des hommes avisés et compétents. Mais le Socialisme n'est pas seulement un mouvement économique. Il se propose la transformation morale la plus haute qui permette à chaque être humain l'épanouissement total de sa personnalité et qui lui ouvre, dans l'intérêt collectif, l'accès de toutes les connaissances promises à ses aptitudes.

Dès à présent, pour ses combats et ses conquêtes, le Socialisme a besoin d'hommes plus instruits et mieux instruits.

La révolution émancipatrice, il ne l'attend pas plus de l'ignorance que de la misère. Il veut que la nation prépare dans l'enfant l'homme, le citoyen, le travailleur futur ; qu'elle lui enseigne le monde où il vivra et le rôle qu'il y tiendra ; qu'elle lui apprenne à la fois la dignité du travail, la solidarité de tous les travailleurs (dans la corporation, dans la nation et à travers toutes les nations); enfin, la nécessité de dominer son travail, de le relier à l'ensemble de l'effort humain et, suivant l'expression de Jaurès, « de coordonner sa propre vie à la vie générale ».

C'est dire qu'à quelque profession que l'orientation scolaire le destine, l'enfant a droit à des connaissances générales et à une culture vraiment humaine ; que l'enseignement du premier degré ne saurait être réduit à quelques notions pratiques ni arrêté prématurément à 13 ans ; que la scolarité doit devenir obligatoire au moins jusqu'à l'âge de 14 ans, puis être suivie obligatoirement d'un enseignement postscolaire, lui-même complété par un enseignement populaire sérieusement organisé et outillé, à l'usage des adultes ; qu'enfin l'enseignement technique, dégagé de la tutelle égoïste du patronat, ouvert aux avis des organisations ouvrières en même temps qu'apparenté par son personnel et par ses méthodes aux autres institutions d'éducation nationale, doit élargir l'éducation professionnelle au delà de l'apprentissage mécanique du métier.

Mais la conception socialiste de l'enseignement mène à des déterminations d'importance politique plus grande.

1° *Aux deux premiers degrés de l'enseignement, quand il ne s'adresse encore qu'à des esprits en formation, la neutralité est sa loi. Non cette neutralité desséchante et stérile qui écarte la réflexion, évite les questions délicates, vide d'enseignement de toute substance et sépare l'école de la vie, mais le scrupule d'impartialité sereine d'objectivité scientifique qui respecte la fragilité de l'enfance et ménage dans l'enfant la liberté de l'homme futur. Ni doctrine, ni dogme, mais la vérité démontrée et l'exercice de la raison.*

Or, cette neutralité-là, intelligente et féconde, elle paraît impossible au prêtre de tout culte dont la mission est de convertir.

La neutralité de l'enseignement veut la laïcité du personnel enseignant, en vertu de quoi la loi républicaine a ordonné la laïcisation de toutes les écoles publiques et interdit dans les écoles privées l'enseignement congréganiste. Ces prescriptions, rudement attaquées aujourd'hui, sont à défendre et à étendre : A défendre contre les violations (réouverture des écoles congréganistes), contre les altérations obliques (ouverture des noviciats aux jeunes gens de 16 ans), contre les subterfuges de tout ordre, vestiges de la loi Falloux), enfin contre les abrogations projetées.

A étendre en introduisant, par étapes, s'il le faut, l'école laïque dans les provinces recouvrées.

Telle qu'elle est l'école publique, l'école laïque doit être efficacement défendue contre l'indifférence ou l'égoïsme des familles par la soumission imposée à l'obligation scolaire et par l'institution d'allocations suffisantes qui rendent cette soumission pratiquement acceptable ; contre les campagnes de dénigrement cléricales, de menaces aux maîtres, de pression sur les parents pour provoquer la haine et la désertion de l'école; par l'établissement et l'application de sanctions contre l'abaissement éventuel du niveau des études en ouvrant aux élèves-maîtres les établissements de culture générale (universités et lycées), en assurant aux maîtres la dignité de l'existence par des traitements honorables et la dignité de la personne par le respect de leurs droits syndicaux et de leurs libertés civiques.

2° *Quelle que soit la position sociale de l'enfant, il a droit à l'enseignement auquel ses aptitudes le destinent. La nation, d'autre part, s'appauvrit quand elle laisse inculte une seule intelligence capable de culture. Ni privilège, ni gaspillage, telle doit être la règle d'un système d'éducation dans une vraie démocratie.*

De là le mouvement pour la réforme désignée (lpus ou moins heureusement) par le terme d' « école unique », à mieux dire en faveur de l'égalité devant l'instruction. Cette réforme que le Parti socialiste appuie de tout son effort, exige la gratuité de l'enseignement à tous les degrés, une organisation souple de l'orientation scolaire, enfin la formation commune des maîtres sans laquelle leur collaboration indispensable au fonctionnement de l'école unique resterait à peu près chimérique.

L'enseignement national doit être un service public. En effet, le droit d'enseigner, qui n'est pas un droit naturel, ne saurait appartenir qu'à la collectivité.

Sous la forme traditionnelle de monopole universitaire, son exercice pourrait susciter la crainte fondée sur l'expérience historique du dix-neuvième siècle d'une doctrine d'Etat ou de classe imposée aux élèves et aux maîtres eux-mêmes.

C'est pourquoi le Parti socialiste, en accord avec les organisations syndicales, se rallie à la conception de la nationalisation de l'enseignement qui, dégagée d'analogies périlleuses avec les nationalisations d'ordre économique, mais en liaison avec elles, régie par un office tripartite de l'éducation nationale réalisera enfin l'école vraiment neutre et universelle.

Nationalisation, école unique, extension de la laïcité, telles sont les réformes essentielles que le socialisme propose. Elles forment le complément nécessaire de la nécessaire défense laïque, elles procèdent du même esprit d'émancipation humaine que la démocratie et le socialisme ont hérité de la Révolution française, en préparant l'enfant à une existence chargée de tâches professionnelles et d'obligations civiques, mais de plus en plus ouverte sur de plus vastes horizons; elles s'inspirent de cette morale démocratique, honorant le travail, exaltant la justice et magnifiant la vie qu'on a bien pu inscrire dans les programmes officiels mais que la réalité du régime social dément et dont le socialisme seul, par l'institution d'un ordre nouveau mettant d'accord le mot et le fait, fera une vérité vivante.

C'est pourquoi le Parti socialiste a le droit de dire qu'il est actuellement le seul capable de réaliser l'immense et harmonieuse construction qu'exige, dès maintenant, l'éducation publique et sans laquelle, d'ailleurs, le socialisme lui-même demeurerait impossible.

Pour le Suffrage des Femmes

Le Parti socialiste, qui est le Parti de la classe ouvrière, est aussi le défenseur de tous les opprimés et le champion de toutes les revendications justes.

A l'heure où les femmes entrent nombreuses dans toutes les branches de la production et dans tous les rouages de la répartition, le Parti considère qu'il est d'une justice élémentaire de leur donner le droit de participer à la gestion des richesses qu'elles contribuent à créer et à distribuer, d'autant que leur accession aux différentes carrières libérales montre chaque jour, d'une manière plus éclatante, que le niveau de leurs connaissances générales s'élève en même temps que leur activité s'étend.

Trois votes successifs de la Chambre ont affirmé la nécessité de mettre un terme à une criante inégalité et de donner enfin à la femme, à la productrice, à la mère de famille, le moyen de défense et de combat qu'est le bulletin de vote.

Le Sénat, aveuglément, s'oppose à cette revendication légitime et empêche l'exercice de ce droit.

A l'heure où nos camarades entrent plus nombreux dans les Conseils Municipaux, le Parti signale à ses Fédérations, à ses élus, la nécessité de mettre au premier plan de leurs préocupations, l'obtention de cette réforme.

Le Congrès National, considérant :

Que l'émancipation des travailleurs implique la complète libération de la femme;

Que le socialisme, qui a proclamé de tout temps l'égalité des sexes, n'a cessé de combattre en faveur des droits politiques féminins;

Qu'au cours de son dernier Congrès, il a encore réclamé l'électorat et l'éligibilité pour les femmes;

Le Congrès National attire l'attention de toutes les Fédérations sur ce grave état de choses. En toute occasion, elles devront appeler les femmes à se grouper dans le sein du Parti socialiste, afin de développer en elles le sens des revendications socialistes.

Il leur fait obligation, ainsi qu'à la C.A.P., d'entreprendre une action vigoureuse en faveur des droits politiques des femmes, *afin de déterminer dans le pays un courant d'opinion tel qu'il puisse vaincre la résistance du Sénat conservateur et conquérir*, pour les prochaines élections législatives, *l'égalité politique par l'obtention de l'électorat et de l'éligibilité des femmes.*

Les Organismes centraux

Les Statuts prévoient que, pour la nomination de la C.A.P., la Commission des Résolutions doit tenter de se mettre d'accord sur la composition d'une liste unique à proposer au Congrès. C'est seulement dans le cas où cet accord n'a pu se faire que les diverses tendances ont à présenter au Congrès leurs listes respectives qui sont soumises à l'élection par l'Assemblée suivant les règles de la représentation proportionnelle. Au cours de la première séance de la Commission des Résolutions, notre camarade Renaudel et ses amis informèrent la Commission qu'ils ne croyaient pas l'accord possible et ils demandèrent au Secrétariat de prendre ses mesures pour que le Congrès pût voter au scrutin de liste.

Au cours de la deuxième séance de la Commission, notre camarade Renaudel fit connaître que ses amis et lui avaient décidé de n'accepter aucun siège à la C.A.P., au Conseil de Direction du *Populaire* et à la délégation du Parti à l'I.O.S. et qu'en conséquence, ils ne présenteraient aucune liste aux suffrages du Congrès et ne consentiraient pas à figurer sur les listes que la majorité pourrait établir.

Ces décisions étant irrévocables, la majorité crut devoir y déférer. Et elle présenta donc à la ratification du Congrès, pour la C.A.P., le *Populaire* et la délégation internationale, des listes ne comportant pas les noms de Renaudel et de ses amis.

Le Congrès donna à ces listes ses suffrages unanimes.

Les organismes centraux du Parti sont donc constitués comme suit :

Commission Administrative Permanente

Paul Faure, Léon Blum, Séverac, Grandvallet, Bracke, Lebas, Compère-Morel, Longuet, Osmin, Zyromski, Le Troquer, Masson, Février, Graziani, Louis Lévy, Caille, Farinet, Colliette, Hubert-Rouger, Uhry, Delépine, citoyenne Saumoneau, Mahler, Gaillard, Lagrange, Sixte-Quenin, Blancho, Mailly, Bretin, Paul Constans, Chaussy, Laroche, Gérard, *Suppléants :* Ruillier, Deguise, Bidoux, Rivière, Descourtieux, Doley.

Conseil d'Administration et de Direction du « Populaire »

Directeur : Léon Blum. *Administrateur :* Compère-Morel. *Membres :* Bracke, Courmont, Farinet, Zyromski, Gaillard, Graziani, Lebas, Le Troquer, Grandvallet, Longuet, Masson, Mauss, Osmin, Paul Faure, Séverac, Sixte-Quenin.

Représentant la Rédaction : Louis Lévy. *Représentant la Fédération de la Seine :* Nowina.

Commission National des Conflits

Bernard, Bouvrain, citoyenne Suzanne Buisson, Drouot, Racine, Ramadier, Wellhoff, Alfred Bonnet, Alloix. *Suppléant :* Albertin, Bachert.

Commission de Contrôle

Antès, Boin, Boucherie, Suzanne Buisson, Cahen, Grandvogel, Leriche, Louis Marchand, Nantillé.

Délégués à l'Exécutif de l'I.O.S.

Bracke, Longuet, Léon Blum. *Suppléants* : Paul Faure, Zyromski.

La démission de plusieurs membres de la Commission des Conflits a déterminé le Conseil National du 6 octobre à pourvoir à leur remplacement. Cette Commission a été, dès lors, composée comme suit : Bouvrain, Becquelin, Wellhoff, Bonnet, Pierre Marie, Méanson, Albertin, Bachert, Alloix. *Suppléants :* Barrat, citoyenne Desmesures, Roche, Ferretti, Galut.

Questions diverses

Le Congrès a décidé, entre autres choses :

De mettre à l'ordre du jour du Congrès suivant le problème de l'organisation des femmes;

De demander à la C.A.P., de hâter son travail de réorganisation de la propagande ;

De demander aux élus et aux militants une action vigoureuse en faveur de la R. P.

De confirmer la décision par laquelle le citoyen Rouquier, député de la Seine, a été exclu du Parti par la Commission Nationale des Conflits;

De remettre à un Conseil National ultérieur l'examen de la demande de réintégration du citoyen Alexandre Varenne, député du Puy-de-Dôme.

II

CONSEIL NATIONAL

(6 Octobre 1929)

C'est dans ce Conseil National qu'ont joué, pour la première fois, les nouvelles dispositions statutaires prises par le Congrès de Nancy : chaque Fédération représentée par un seul délégué, voix consultative seulement aux membres de la C.A.P. et de la Délégation Exécutive du Groupe Socialiste du Parlement.

Le Bureau du Parti

Le Conseil National a ratifié le Bureau élu par la C.A.P. Savoir :

Secrétaire général : Paul FAURE.
Secrétaire adjoint : J.-B. SÉVERAC.
Trésorier général : GRANDVALLET.
Secrétaires des quatre Sous-Commissions de Propagande, Finances, Conflits et Archives : ZYROMSKI, LEBAS, LE TROQUER et SÉVERAC.

Autres questions

Ainsi qu'il a été dit plus haut, le C.N. a complété la Commission Nationale des Conflits.

Il a voté le budget prévisionnel pour 1930; approuvé les initiatives prises par la C.A.P. en vue des élections sénatoriales; appelé les militants à un effort pour l'application de la loi sur les Assurances Sociales; choisi Bordeaux comme siège du prochain Congrès National et fixé sa date à Pâques ; demandé à la Fédération du Puy-de-Dôme un rapport complet sur la demande de réintegration de Varenne ; adopté le principe de la division de la France en huit régions, dont chacune disposerait, pendant six mois, d'un de nos quatre délégués permanents à la Propagande.

III

CONSEIL NATIONAL

(28-29 Octobre 1929)

Pendant la crise ministérielle de la fin d'octobre 1929, M. Daladier ayant fait au Groupe Parlementaire des offres de participation ministérielle, le Groupe avait, dans sa séance du 27 octobre, voté la résolution suivante par 36 voix contre 12 :

Le groupe socialiste au Parlement donne son avis favorable à l'acceptation des propositions de M. Daladier, confirme le mandat donné par lui à sa délégation exécutive et invite le Bureau du Parti à convoquer le Conseil National pour lui fournir une information complète.

Le Bureau du Parti a aussitôt convoqué le Conseil National, par télégramme, pour les 28 et 29 octobre.

De son côté — séance du 28 octobre — la C.A.P. avait voté le texte suivant (à l'unanimité moins deux voix et deux abstentions) :

Sur demande du groupe socialiste au Parlement, la C.A.P. a convoqué d'urgence le Conseil National.

Elle a, en outre, estimé qu'elle aurait manqué à ses obligations statutaires si chargée, elle aussi, de veiller à l'application des décisions du Congrès, elle n'avait pas examiné, pour sa part, la valeur de la décision qui vient d'être prise par le groupe socialiste.

La C.A.P. informe donc le Conseil National que la décision du groupe socialiste n'est pas conforme aux décisions de nos Congrès.

Et elle demande au Conseil National de proclamer à nouveau la nécessité pour tous de rester fidèles à ces décisions et de se prononcer, en conséquence, ainsi qu'elle a fait elle-même, contre l'acceptation par le groupe socialiste des offres de participation ministérielle que M. Daladier vient de lui faire.

Par 1.590 mandats contre 1.451, le Conseil National a écarté les offres de M. Daladier en votant ce qui suit :

Le C. N. invité par le groupe Parlementaire à donner son avis sur la proposition de participation de M. Daladier, se déclare solidaire des décisions souveraines des Congrès nationaux qui ont tranché la question par la négative.

Il rappelle que le Parti est toujours prêt à assumer les responsabilités directes du pouvoir soit tout seul, avec le soutien des groupes de gauche, soit en appelant, dans le gouvernement qu'il constituerait et où il conserverait l'autorité et la majorité, des représentants d'autres groupes, de façon à avoir toujours la certitude d'assurer, dans l'action gouvernementale, la prépondérance des solutions de décision, d'énergie, d'audace et de volonté qu'il croit seules susceptibles de sauvegarder l'avenir du pays et de sauver la démocratie menacée.

IV

CONGRÈS NATIONAL EXTRAORDINAIRE

(25-26 Janvier 1930)

A l'issue du Conseil National des 28 et 29 octobre, le Groupe Parlementaire avait exprimé le désir qu'un Congrès fût convoqué pour se prononcer en toute souveraineté sur la question précise qui avait été soumise au Conseil National.

Le C.A.P. fixa la date de ce Congrès extraordinaire aux 25 et 26 janvier et proposa comme ordre du jour « L'action socialiste au Parlement, le problème du Gouvernement et la Charte du Parti ».

La Participation ministérielle

Par 2.066 mandats contre 1.507 et avec 35 abstentions, le Congrès a voté l'ordre du jour, dont voici le texte :

Le Congrès déclare :

1° *Qu'il entend rester fidèle à la Charte du Parti ;*

2° *Qu'il approuve la décision du Conseil National des 28 et 29 octobre 1929 ;*

3° *Que le Parti est toujours prêt à assumer les responsabilités du pouvoir, soit seul, soit avec la majorité et la direction du Gouvernement, par des Ministres socialistes choisis par lui et pour appliquer un programme portant sa marque propre;*

4° *Qu'en ce qui concerne une participation éventuelle de socialistes à un Gouvernement de coalition, l'idée doit en être tout d'abord écartée dans la législature actuelle et ne pourrait être envisagée qu'au cas de « circonstances exceptionnelles » reconnues fermement comme telles par une Assemblée souveraine du Parti (Congrès ou Conseil National).*

(Le texte primitif portait : « reconnues comme telles à la majorité des deux tiers par une Assemblée, etc... » et c'est en cours de discussion que cette formule a été remplacée par celle : « reconnues fermement comme telles, etc... »)

Dans les deux cas ci-dessus prévus, c'est cette Assemblée elle-même qui désignerait les délégués du Parti au Gouvernerent.

Le premier alinéa : « Le Congrès déclare qu'il entend rester fidèle à la Charte du Parti » avait été disjoint et obtenu l'unanimité des voix.

Le Congrès vota ensuite sur l'amendement suivant :

Après les élections générales de 1932, et au moins huit jours avant la convocation des Chambres, un Congrès extraordinaire examinera la situation politique.

Pour dire si l'expression de la volonté populaire est de nature à ouvrir les circonstances exceptionnelles prévues dans la présente résolution et indiquer les points du programme d'action socialiste qui devraient être en tous cas inscrits dans un programme ministériel.

Le premier alinéa de l'amendement obtint l'unanimité des voix ; le second fut repoussé par 1.852 mandats contre 1.632, avec 124 abstentions.

Organismes centraux du Parti

Avant de procéder à ces votes, le Congrès avait eu à trancher une autre question.

Au Congrès National ordinaire, la minorité — ainsi qu'il a été dit plus haut — avait refusé d'être repésentée aux organismes centraux du Parti. Au Congrès extraordinaire, elle demanda que les votes sur le problème de la participation fussent considérés comme devant servir de base au renouvellement de ces organismes par le futur Congrès de Bordeaux.

Cette proposition fut écartée par le vote (2.059 mandats contre 1.479, avec 70 abstentions) du texte suivant :

Le Congrès proclame son attachement à toutes les règles et pratiques appliquées dans le Parti depuis sa constitution et qui garantissent les droits de tous les adhérents.

Il déclare notamment que la représentation des tendances devra être assurée suivant une proportionnelle loyale, comme cela s'est toujours fait.

Le prochain Congrès National rétablira la situation qui existait dans le Parti avant le Congrès de Nancy.

V

CONSEIL NATIONAL

(23 Mars 1930)

Les principales questions portées à l'ordre du jour du Conseil National du 23 mars 1930 ont été la réintégration d'Alexandre Varenne, l'organisation de la propagande par la Délégation Permanente, la situation des anciens membres du Parti et leur retour parmi nous, l'ordre du jour du Conseil National ordinaire.

La réintégration d'Alexandre Varenne, député du Puy-de-Dôme, a été prononcée par 2.533 mandats, contre 542, avec 406 abstentions.

La division de la France en huit régions, dont chacune disposerait, pendant six mois, d'un de nos quatre délégués permanents à la propagande, a été ratifié. Le nouveau plan résultant de cette disposition sera mis en vigueur à partir du 1er octobre 1930.

Concernant le retour dans nos rangs des membres du Parti nous ayant quitté à Tours le Conseil National a voté à l'unanimité des deux résolutions suivantes :

1. — *Le Conseil National saisi de la question de la réintégration des anciens membres du Parti, ayant adhéré à l'organisation du Parti communiste,*

Décide :

Que les réintégrations de cette nature continueront à s'effectuer dans les conditions admises par le Parti.

Le Conseil National précise que les réintégrations doivent être soumises aux Fédérations intéressées et publiées, de nature à permettre l'exercice effectif des droits statutaires.

Le Conseil National déclare qu'en ce qui concerne les élus, ceux-ci devront remettre leurs mandats à la disposition de la Fédération, qui examinera comment elle disposera de ses mandats électifs.

2. — *Le Conseil National rappelle aux Fédérations qu'il y a le plus grand intérêt à confier les délégations organiques dans le Parti suivant les règles de stage prévues par les Statuts du Parti.*

Toutes dérogations à ces règles devront être soumises préalablement à la C.A.P. ou au Conseil National jusqu'au moment où le Parti déclarera qu'il revient purement et simplement à la stricte appliaction du règlement du Parti, en matière d'adhésions.

Concernant enfin le XXVIIe Congrès National, il avait d'abord été fixé à Pâques. La convocation du Congrès

Extraordinaire des 25 et 26 janvier a déterminé la C.A.P. et le Conseil National à reporter le Congrès à la Pentecôte. Le Congrès ordinaire se tiendra donc à Bordeaux les 8, 9, 10 et 11 juin 1930.

Son ordre du jour est établi comme suit :

1° *Les Rapports statutaires ;*

2° *Amorce du travail d'élaboration d'un programme général du Parti ;*

3° *Organisation des femmes ;*

4° *Le socialisme, le problème agraire et la crise agricole ;*

5° *La défense nationale et l'organisation de la paix ; l'action nationale et internationale pour le désarmement et contre la guerre.*

VI

ÉLECTIONS SÉNATORIALES

(29 Octobre 1929)

Le 20 octobre 1929, les collèges sénatoriaux de la série A (Aisne-Gard) étaient appelés à renouveler un tiers de la Haute Assemblée.

Un Manifeste de la C. A. P.

A cette occasion, la Commission Administrative Permanente a lancé aux Fédérations un Manifeste dont voici le texte :

Le renouvellement partiel du Sénat est fixé au 20 octobre.

Le Parti Socialiste adresse le plus pressant appel à toutes ses Fédérations intéressées pour qu'elles s'engagent dans la bataille avec la plénitude de leurs forces.

Le devoir socialiste

Au premier tour, présentation de listes complètes exclusivement composées de membres du Parti, affichant hardiment, sans atténuation, comme sans réserve, la doctrine et le programme du Socialisme.

Aux deuxième et troisième tours, c'est par le jeu des listes de coalition ou des désistements, suivant les cas, que nos Fédérations s'efforceront d'atteindre le double objectif qui demeure nôtre : renforcer au Sénat la minorité socialiste, y réduire l'influence de la réaction.

Ces coalitions ou désistements sont possibles seulement lorsqu'on se trouve en présence de candidats se réclamant des principes généraux de démocratie ou pour empêcher le triomphe des fractions les plus réactionnaires et nationalistes de la bourgeoisie.

En engageant la lutte dans cette élection, comme nous l'avons fait précédemment dans des circonstances analogues, nous ne renonçons nullement à notre attitude traditionnelle qui comporte, on le sait, la suppression d'une seconde Chambre politique élue au suffrage restreint.

Cette tradition était autrefois commune à tous les républicains. Aujourd'hui, le Socialisme est à peu près seul à la représenter. Ce ne sont pas les événements de ces dernières années qui auraient pu modifier sa position à cet égard.

Une seconde Assemblée législative n'a pas de raison d'être.

Si elle est élue au suffrage restreint, son existence même porte atteinte au principe essentiel de la démocratie.

Mais en attendant la suppression du Sénat, qui ne saurait être que le couronnement d'une longue campagne d'agitation, nous réclamons la limitation immédiate de ses pouvoirs.

En fait, la Haute Assemblée dispose de moyens qui lui permettent de tenir la Chambre en échec. C'est, à l'origine, la réaction qui imposa une telle constitution à la République française.

Il convient donc de réformer le Sénat, dès maintenant : obligation pour lui de ne pas garder indéfiniment les projets et propositions qui lui sont envoyés ; fixer un délai au delà duquel les délibérations de la Chambre deviennent lois ; faire nommer les délégués sénatoriaux au suffrage universel et accorder aux communes un nombre de délégués proportionné au chiffre de la population.

Ainsi la volonté du pays sera davantage respectée.

Le programme socialiste

Nos candidats sénatoriaux se présentent devant le collège des délégués, armés du programme général adopté par les Congrès Socialistes de ces dernières années avec le plus grand souci des réalités et soutenu aux élections législatives de 1919, de 1924 et de 1928, par tous les candidats du Parti. Il est le même que celui que nos élus à la Chambre et au Sénat cherchent présentement à faire aboutir.

Nous rappelons les principales revendications immédiates qu'il contient dans la simple énumération suivante :

DANS L'ORDRE POLITIQUE ET CONSTITUTIONNEL :

Referendum.
Suppression du Sénat ; limitation immédiate de ses pouvoirs.
Egalité civile et politique des sexes.
Représentation proportionnelle juste et loyale, sans prime ni panachage.
Abrogation des lois scélérates.
Amnistie générale en matière politique.
Suppression des Conseils de guerre et des Cours martiales.

POUR LE PROGRÈS DE LA LÉGISLATION PROTECTRICE DU TRAVAIL :

Interdiction d'employer les enfants avant l'âge de 14 ans dans les établissements industriels et commerciaux.

Limitation de la durée maximum du travail à huit heures par jour ou à quarante-huit heures par semaine ; la durée du travail établie sur une autre période de temps ne pouvant dépasser en moyenne ces maxima.

Droit pour les travailleurs salariés à un congé annuel payé et non récupérable en heures supplémentaires.

Revision complète de la loi de 1899 sur les accidents du travail et extension de ladite loi aux maladies d'origine professionnelle.

Réorganisation de l'Inspection du Travail et création de délégués ouvriers chargés de veiller à l'application des lois sur le travail, la sécurité et l'hygiène.

Mise en vigueur de la loi sur les Assurances Sociales et large participation financière de l'Etat.

Ratification sans conditions ni réserves des conventions adoptées par la Conférence Internationale du Travail.

Dans le domaine de l'agriculture :

Création d'un Office National des blés protégeant à la fois les producteurs petits et moyens et les consommateurs contre la spéculation nationale et internationale.

Nationalisation de la fabrication et de l'importation des engrais.

Développement général de l'enseignement agricole.

Développement et extension, avec la collaboration des Pouvoirs publics, des Syndicats, des Mutuelles et des Coopératives agricoles.

Extension des Caisses de Crédit agricole.

Institution de Commissions d'arbitrage pour la revision des baux de fermage.

Application de toutes les lois ouvrières et sociales aux travailleurs agricoles.

Règlementation légale de la durée du travail agricole déjà en vigueur dans un grand nombre de pays d'Europe.

Fixation par les Syndicats ouvriers et patronaux, en accord avec les municipalités, d'un minimum de salaires.

Dans l'ordre économique :

Nationalisation des Services publics et retour à la nation des monopoles de fait.

Contrôle ouvrier et participation ouvrière à la gestion.

Pour l'éducation nationale :

Défense laïque.

Enseignement pour tous à tous les degrés.

Nationalisation de l'enseignement, en commençant par l'école du premier degré.

Organisation de l'éducation populaire.

Pour l'hygiène, la solidarité et la prévoyance sociales :

Création d'œuvres en faveur de l'enfance.

Réforme totale des lois d'assistance modifiées en lois de solidarité.

Large dotation du budget de l'hygiène et de l'assistance.

Politique du logement, protégeant à la fois les locataires et activant la construction d'immeubles à usage d'habitations.

Dans le domaine international :

Politique hardie et vigoureuse pour organiser la paix par :

La fin définitive de toute diplomatie secrète;

L'abandon de la politique d'équilibre et des alliances particulières;

La démocratisation de la Société des Nations;

La pratique de l'arbitrage devant aboutir au désarmement général.

En attendant, et pour y préparer notre pays, réduction du service militaire à six mois.

Dans l'intérêt même de la paix, rejet de toute espèce d'expédition ou d'aventure coloniale.

Nous nous réjouissons de ne plus avoir à réclamer l'évacuation de la Rhénanie décidée enfin par la récente Conférence de La Haye et qui sera terminée dès l'an prochain. Désormais, le plus grand obstacle à une politique d'entente entre l'Allemagne et la France est écarté et les deux grandes nations peuvent travailler avec une volonté égale à consolider la paix et à préparer les Etats-Unis d'Europe.

Le problème financier et la faillite de la politique bourgeoise

La situation s'est sans doute modifiée dans ces dernières années.

La stabilisation de la monnaie réduisant le franc à un cinquième de sa valeur est aujourd'hui un fait accompli, et des accords laissant à la charge de la France les deux tiers de ses dépenses de réparations sont récemment intervenus en ce qui concerne les règlements des dettes interalliées.

C'est dire que rien n'a été réglé comme le réclamait le Parti Socialiste. *Cela permet de mesurer l'étendue des fautes lourdes et des erreurs mortelles de ceux qui ont dirigé les affaires publiques. Il est clair que si nos solutions avaient été acceptées depuis la fin de la guerre on eût empêché une dévalorisation aussi profonde de la monnaie, qui a été une cause de vie chère et qui a fait de si nombreuses victimes parmi les épargnants des classes laborieuses.*

Les Gouvernements et leurs majorités n'ont pas voulu demander au capitalisme les sacrifices nécessaires pour restaurer les finances de l'Etat et éviter une fiscalité accablante pour les travailleurs et les classes moyennes.

Ils n'ont pas voulu rechercher, dès le traité de Versailles, les accords et rapprochements nécessaires dans l'ordre international, qui eussent rendu possibles des règlements avantageux et facilité la construction de la paix du monde.

Ainsi, tant à l'intérieur qu'à l'extérieur, les intérêts véritables de la nation française et de l'humanité ont été méconnus et sacrifiés par la cupidité des classes dirigeantes, par le conservatisme, l'incompréhension et l'orgueil des gouvernants.

L'histoire témoignera que le Socialisme franpais a tout fait pour qu'il en soit autrement et saura rendre hommage à la puissance et à la fécondité de ses solutions.

A l'œuvre pour demain

L'égitimement fier de sa clairvoyance, sûr de lui-même, comme de sa doctrine, le Parti Socialiste affirme, de plus en plus, que le salut de la civilisation, la paix humaine, l'ordre social résident plus que jamais dans la prise totale du pouvoir politique par le prolétariat organisé de chaque pays.

Ce but demeure son objectif principal et sa raison d'être. Pour l'atteindre, il appelle les travailleurs et la démocratie à la lutte quotidienne.

Il sera, comme il l'a toujours été, à la pointe de tous les combats pour les réformes et le progrès dans tous les domaines.

Mais, ne se payant pas de mots, soucieux des conditions mêmes de réalisation de tout le programme énuméré plus haut, il déclare que la plupart des réformes sociales actuellement urgentes ne seront possibles que si de vastes crédits sont affectés aux divers compartiments des budgets de l'Etat, des départements et des communes, et si un esprit nouveau pénètre les Assemblées chargées de fixer les lois.

Où trouver les ressourues nécessaires sinon dans un profond remaniement démocratique des charges fiscales, par la réduction des lourds impôts qui pèsent sur la consommation, par une contribution personnelle globale et exceptionnelle à taux progressif, sur la fortune acquise, avec dégrèvement à la base, par la nationalisation de toutes les grandes sources de la richesse et de la production détenues par des groupes de capitalistes et de financiers, par la réduction des budgets de la Guerre et de la Marine ?

Hors de là, c'est l'Etat jugulé par les puissances d'argent, ce sont les producteurs accablés d'impôts et réduits à une véritable servitude, ce sont les réformes sociales abandonnées et différées, ou bien mutilées et sans effet.

A la Chambre des Députés, cette politique de paix, ces conceptions de réformes hardies et fécondes, cette doctrine du socialisme qui doit finalement assurer la victoire et l'affranchissement du travail, sont défendues par un groupe compact et résolu de cent élus du prolétariat en bataille.

Le Sénat, qui dans l'esprit de ceux qui l'instituèrent, devait nous fermer à jamais ses portes, a vu quinze des nôtres pénétrer dans son enceinte.

Le 20 octobre, de nouveaux sénateurs socialistes doivent être élus et le chiffre de nos suffrages, dans les départements, grossira partout, attestant la croissance de nos progrès, non plus seulement dans les grandes villes, mais aussi dans les milieux ruraux, parmi cette paysannerie française qui, répondant enfin à nos appels voit de plus en plus, dans le Socialisme, les conditions de son salut.

Pour le Conseil National du Parti Socialiste :

LA COMMISSION ADMINISTRATIVE PERMANENTE.

Une circulaire du Secrétariat

En même temps, le Secrétariat du Parti a envoyé aux Secrétaires fédéraux la circulaire suivante :

Paris, le 18 juillet 1929.

MON CHER CAMARADE,

Ainsi que vous le savez, les élections sénatoriales, dans les départements de la série renouvelable, auront lieu dans la deuxième quinzaine d'octobre.

La C. A. P. me charge de rappeler aux Fédérations Socialistes intéressées le texte de la règle tactique, adopté par le Conseil National du 1er novembre 1926 et ratifié par le Congrès National tenu à Lyon, en avril 1927.

Veuillez en trouver ici, à toutes fins utiles, les passages essentiels :

« Les Fédérations devront présenter aux électeurs sénatoriaux, au premier tour de scrutin, des listes complètes exclusivement composées de membres du Parti.

« Elles engageront en même temps la lutte avec la volonté d'appuyer tout effort qui pourrait être tenté par certaines fractions de la démocratie pour le maintien et le développement des libertés politiques et économiques du prolétariat et pour la consolidation de la paix internationale.

« Elles devront exercer un effort décisif pour réduire la majorité réactionnaire du Sénat, sur qui pèse la responsabilité initiale de l'échec de la politique démocratique dégagée, en 1924 par la volonté du suffrage universel.

« C'est pour diminuer la force de résistance du conservatisme au Sénat que le Parti ne donnera son appui, au deuxième et troisième tours de scrutin, qu'aux candidats qui s'engageront à limiter les prérogatives de la Haute Assemblée.

Partout où, pour atteindre cet objectif, des coalitions et désistements seront nécessaires au deuxième ou au troisième tour de scrutin, elles seront pratiquées par les Fédérations conformément aux décisions antérieures des Congrès et déterminées exclusivement par la préoccupation de renforcer au Sénat la minorité Socialiste et d'y réduire les forces de réaction.

« Conformément aux décisions du Congrès de Marseille, les candidats du Parti ne peuvent, au deuxième ou au troisième tour, figurer sur une liste commune qu'avec des hommes qui, présentés sous la responsabilité des partis politiques, sont exempts de toute compromission avec le Bloc National et qui, par leur conduite passée, comme par leur attitude présente, se montrent résolus à s'opposer dans le domaine international à toute politique de méfiance, de contrainte et de violence, à préserver les libertés civiques, le droit syndical, les libertés ouvrières, à défendre enfin, contre les entreprises du capitalisme, du cléricalisme et de l'impérialisme, les intérêts du prolétariat ».

Vous voudrez bien nous tenir au courant des dispositions arrêtées par votre Fédération en conformité des décisions ci-dessus.

Sentiments fraternels.

Le Secrétaire Général :
Paul Faure.

Nos candidats

Voici la liste de nos candidats sénatoriaux :

AIN. — *Dr Paul NICOLLET*, député de l'Ain. — *Gabriel PARISOT*, ancien conseiller général.

AISNE. — *RINGUIER*, ancien député, conseiller général. — *MAUBANT*, conseiller d'arrondissement. — *SCHONENBERGER*, maire de Presles-et-Boves. — *François CARON*, ancien Cheminot.

ALLIER. — *Paul CONSTANS*, député de l'Allier. — *Arnold BONTEMPS*, conseiller général. — *Pierre ROUX-BERGER*, conseiller d'arrondissement.

BASSES-ALPES. — *Charles BARON*, député.

ARDÈCHE. — *SULLY-ELDIN*, ancien député, conseiller général, maire de Vallon. — *E. FROMENT*, conseiller général, maire de Largentière. — *A. FERDINAND HEROLD.*

ARDENNES. — *BOUTET*, député, maire de Charleville. — *CAFFARET*, conseiller général de Carignan. — *RENARD*, maire de Fumay.

ARIEGE. — Dr *Pierre MAZAUD*, conseiller général, maire de Saint-Girons. — *SUBRA*, maire de Mercus-Garrabet.

AUBE. — *LEMASSON*, ancien conseiller général de Troyes. — *MILLET*, maire de Romilly-sur-Seine. — *PENOT*, viticulteur, maire de Ville-sur-Arce.

AUDE. — *BABOU*, conseiller municipal de Lézignan. — Dr *LACROIX*, maire de Narbonne. — *RIVIERE*, instituteur à Castelnaudary, professeur au cours complémentaire.

BOUCHES-DU-RHONE. — *CANAVELLI*, ancien député, Secrétaire fédéral. — *REYMONDIN*, maire de Lambesc. — *SIXTE-QUENIN*, député d'Arles. —*TADDEI*, conseiller général.

CALVADOS. — *Georges GUILLEMETTE*, maire de Mézidon. — *Louis LETAVERNIER*, agriculteur, conseiller municipal de Coquainvilliers.

CHARENTE-INFERIEURE. — *RONDEAU*, conseiller municipal de La Rochelle, ancien adjoint au maire. — Dr *MARTIN*, conseiller municipal de Pons.

CHER. — *Henri LAUDIER*, ancien député, maire de Bourges.

CORREZE. — Dr *VERDEAUX*.

COTE-D'OR. — H. *BOUIN* vétérinaire, conseiller général, maire de Genlis. — *MALLARD-GAULIN*, viticulteur, anc. conseiller municipal de Serrigny. — *MARTABESCHE*, négociant, maire de Vernacy-les-Laumes.

COTES-DU-NORD. — *BRILLEAUD*, adjoint au maire de Saint-Brieuc. — *ROUXEL*, adjoint au maire de Dinan. — *AUDRAIN*. — *PASQUIOU*, conseiller municipal de Saint-Brieuc. — *BERTHO*, avocat.

CREUSE. — *Camille BENASSY*, anc. député, maire de Royère. — *William CHERVY*, conseiller d'arrondissement, maire de Saint-Priest-la-Plaine. — Dr *VINCENT*, conseiller général, maire de Sardent.

DORDOGNE. — *Clément MICHEL*, Secrétaire fédéral. — *CELERIER*; conseiller d'arrondissement. — *LASSERRE*, adjoint au maire de Moulignac. — *SIMOUNET*, maire de Bergerac.

DOUBS. — *Fritz MARTIN*, maire de Dampierre. — *BERMONT*, maire de Montbéliard. — *ROBBE*, maire de Pontarlier.

DROME. — *VALETTE*, sénateur sortant.

EURE-ET-LOIR. — *PIERRE JOSEPH*, conseiller municipal de Dreux. — *FOUCAULT*, ancien conseiller de Janville. — *LANGE*, cultivateur, maire de Nottonville.

FINISTERE. — *MASSON*, député, conseiller général du Finistère. — *LE GOZIC*, retraité. — *LE FLOCH*, ébéniste. — *QUEFFELEC*, maire d'Audierne. — *Pierre SALIOU*, maire de Poullaouën.

GARD. — *Georges BRUGUIER*, sénateur sortant. — *Louis BIEAU*, conseiller général. — *Louis GUITTARD*.

HAUT-RHIN (élection partielle). — *Auguste WICKY*, conseiller général, maire de Mulhouse.

Les résultats

Nos sénateurs sortants — Bruguier (Gard) et Valette (Drôme) — ont été réélus. Laudier, Maire de Bourges, ancien député, a été élu dans le Cher.

Les suffrages se sont répartis comme suit :

Ain : 879 votants; Nicollet, 134 voix.
Aisne : 1.341 votants; Ringuier, 118 voix.
Allier : 814 votants ; Constans, 336 voix au premier tour ; 373 au second.
Basses-Alpes : 350 votants; Charles Baron, 133 voix.
Ardèche : 780 votants; Froment, 136 voix.
Ardennes : 823 votants; Boutet, 226 voix au premier tour; 321 au second; 373 au troisième.
Ariège : environ 500 votants; Dr Mazaud, 87 voix.
Aube : 662 votants; Lemasson et Millet, 34 voix.
Aude : 742 votants; Babou, 101 voix.
Bouches-du-Rhône : 480 votants; Canavelli, 166 voix au premier tour, 171 au second.
Calvados : 1.131 votants; Guillemette, 41 voix.
Cher : 689 votants; Laudier, 291 voix au premier tour; 409 voix et élu au second tour.
Corrèze : 704 votants; Verdeaux, 221 voix.
Côtes-d'Or : 998 votants; Bovin, 240 voix.
Côtes-du-Nord : 1.241 votants; Brilleaud, 115 voix.
Creuse : 619 votants; Dr Vincent, 185 voix au premier tour, 197 au second et 232 au troisième.
Dordogne : 1.096 votants; Dr Simounet, 194 voix.
Doubs : 914 votants; Bermont et Martin, 60 voix.
Drôme : 720 votants; Valette, sénateur sortant réélu, 369 voix.
Eure-et-Loir : 714 votants; Lange et Joseph 14 voix.
Finistère : 1.347 votants; Masson, 119 voix.
Gard : 824 votants; Bruguier, sénateur sortant réélu, 457 voix.
Haut-Rhin : 927 votants; Wicky, 160 voix.

VII

ÉLECTIONS LÉGISLATIVES COMPLÉMENTAIRES

Depuis le Congrès de Nancy, plusieurs élections législatives complémentaires ont eu lieu.

28 juillet 1929. — *Blois (Loir-et-Cher)* : Election pour un siège de député. Notre candidat Pierre Lainé obtient 1.471 voix au premier tour, et se désiste pour M. Camille Chautemps, candidat du Parti radical.

25 août 1929. — *Saône-et-Loire* : Election pour un siège de sénateur. Le radical-socialiste, M. Borgeot, est élu au premier tour par 801 voix. Théo-Bretin, notre candidat en obtient 385. Le nombre des suffrages exprimés a été de 1.229.

25 août 1929. — *Hautes-Alpes* : Election pour un siège de sénateur. Votants : 333; Joubert, S.F.I.O., 137; M. de Rothschild, 191 voix, élu.

21 octobre 1929. — *Figeac (Lot)* : Election pour un siège de député. M. de Monzie est élu par 10.250 voix; notre candidat Mespoulet en obtient 4.000.

1er *décembre* 1929. — *Châteaudun (Eure-et-Loir)* : Election pour un siège de député. Notre candidat obtient 129 voix.

27 janvier 1930. — *Ribeauvillé (Haut-Rhin)* : Election pour un siège de député. Au premier tour, 3.182 voix à notre candidat Rielh ; 273 au communiste; 4.829 à M. Rieder, catholique national antiautonomiste ; 3.844 à M. Dorner, autonomiste. Au second tour, M. Rieder a été élu. Les Socialistes avaient conseillé l'abstention, tout en indiquant le danger de la candidature autonomiste.

16 et 23 févier 1930. — *Montdidier (Somme)* : Election pour un siège de député. Au premier tour, notre candidat Tonnelier, devance de bien loin tous ses concurrents avec 4.493 voix sur 11.720 suffrages exprimés. Au second tour, il n'y a guère plus en présence que notre candidat et M. Brille, réactionnaire. Tonnelier est élu avec 6.132 voix, contre 5.560 à son concurrent. (Siège conquis).

23 février 1930. — *Gap (HautesAlpes)* : Election pour un siège de député. La Fédération Socialiste ne présente pas de candidat. Justification de cette attitude lui a été demandée par la C.A.P.

16 mars 1930. — *Quimperlé (Finistère)* : Election pour un siège de député. Le candidat du Parti, Cren, obtient, au premier tour, 1.627 voix. Son désistement a permis, au second tour, le succès de M. Cadoret, radical-socialiste.

16 mars 1930. — *Alençon (Orne)* : Election pour un siège de député. La Fédération Socialiste de l'Orne est dans l'impossibilité matérielle d'affronter la lutte.

23 mars 1930. — *Lot :* Election pour un siège de sénateur. Sur 598 votants, Charpentier, candidat S.F.I.O., obtient 31 voix ; M. Tassard, réactionnaire, 130 ; M. Garrigou, républicain socialiste est élu avec 416 voix.

23 mars 1930. — *Lozère :* Election pour un siège de sénateur. Pas de candidat du Parti, malgré les instances de la C.A.P.

23 mars 1930. — *Rocroi (Ardennes) :* Election pour un siège de député. Au premier tour : Bozzi S.F.I.O., 3.448 voix ; M. Leguet, réactionnaire, 4.852 voix ; M. Laurent, radical-socialiste, 1.858. Au second tour, le désistement de M. Leguet, en faveur de Bozzi n'empêche pas le succès du réactionnaire.

23 mars 1930. — *Rethel (Ardennes).* Election pour un siège de député. Au premier tour : Voirin, S.F.I.O., 1.425 voix; M. Braibant, réactionnaire, 2.122; M. Ledoux, radical, 2.081; M. Reynier, radical, 1.707; Dupont, indépendant, 1.626. Au second tour, le désistement de Voirin assure le succès de M. Ledoux, radical.

23 mars 1930. — *Bergerac (Dordogne).* Election pour un siège de député. Au premier tour, le Dr Simounet, S.F.I.O., obtient 6.376 voix; M. Quennesson, *alias* Noël-Hardy radical, 7.878; M. Morand-Monteil, réactionnaire, 6.544; Viguier, communiste, 1.691. Au second tour, malgré les instances du Bureau du Parti, agissant au nom de la C.A.P., la Fédération de la Dordogne maintient le Dr Simounet, qui est élu avec 12.207 voix, contre 9.543 à M. Quennesson; 1.600 à M. Morand-Monteil, et 518 à Viguier. (Siège conquis).

A l'occasion de cette élection, des polémiques de presse et des discussions assez vives se sont engagées dans le Parti et hors du Parti.

La Fédération de la Dordogne a élevé de véhémentes protestations contre l'intervention des organismes centraux du Parti et a déposé une demande de contrôle contre quelques élus.

La C. A. P. et le Groupe parlementaire ont reçu la lettre suivante de M. Daladier, Président du Comité Exécutif du Parti Républicain Radical et Radical-Socialiste :

Paris, le 31 mars 1930.

MONSIEUR LE SECRÉTAIRE GÉNÉRAL,

L'élection de Bergerac a suscité, dans le Parti Radical et Radical Socialiste, parmi ses élus et ses militants, une émotion que vous comprenez. Alors que, dans toutes les élections partielles, nos candidats ont fidèlement obéi à la discipline républicaine que notre Parti exigeait d'eux, votre candidat, dans cet arrondissement, M. Simounet, n'a été élu qu'en la violant et avec l'évidente complicité des partis de réaction.

Notre devoir est d'éviter, pour l'avenir, des incidents aussi graves. Le Parti Radical et Radical-Socialiste m'a chargé de vous demander de lui faire connaître les intentions de votre Parti sur les conditions de l'application de la discipline républicaine dans les élections ultérieures, ainsi que ses décisions sur le cas de l'élection de Bergerac.

Nous nous tenons à votre disposition pour toute communication utile. Nous croyons devoir insister auprès de vous, dans l'intérêt même de la démocratie, sur la gravité des événements qui se sont produits à Bergerac, au second tour de scrutin, ainsi que sur la nécessité d'un accord explicite et loyal.

Veuillez agréer, Monsieur le Secrétaire Général, l'assurance de mes meilleurs sentiments.

Signé : Ed. Daladier.

La C. A. P. et le Groupe parlementaire se sont mis d'accord, à l'unanimité, pour adresser à M. Daladier la réponse suivante :

Paris, le 17 avril 1930.

Monsieur le Président,

J'ai l'honneur, en réponse à votre lettre du 31 mars 1930, de vous adresser le texte d'un ordre du jour voté, à l'unanimité, par notre Commission Administrative Permanente et notre Groupe Socialiste au Parlement :

« Le Parti Socialiste se réjouit des magnifiques résultats que « le dévouement des militants et la clairvoyance des électeurs lui « ont assurés dans les récentes élections partielles. Il félicite et « remercie les artisans de ces succès.

« A propos de l'élection de la Dordogne, il ne saurait accepter « ni les remontrances qui lui sont faites, ni les campagnes de « presse dirigées contre lui.

« Il a le droit de se souvenir, en effet, avec quelque fierté, qu'il « a toujours rempli son devoir à l'égard de la démocratie, comme « à l'égard de la classe ouvrière. Il l'a rempli parfois presque « seul, aux heures les plus difficiles des quinze dernières années. « Et, en ce qui concerne les élections partielles, on ne pourra « lui dénier cette justice, qu'il n'a attendu ni avertissements ni « polémiques pour rappeler, au lendemain du premier tour de « scrutin, aux Fédérations responsables, le devoir socialiste, qui « est aussi le devoir républicain contre la réaction politique et « sociale.

« Ce faisant, le Parti Socialiste accomplit simplement son devoir « contre les réacteurs. Aussi, ne fera-t-il pas le jeu de ces der- « niers, en prolongeant de vaines querelles sur des incidents iso- « lés, bien qu'il fût justifié à répondre par des faits plus généraux « et plus graves. Bloc National, Union Nationale ou encore, « comme à Sète et ailleurs, candidatures de concentration contre « le Socialisme.

« Il ne s'attachera pas à ces polémiques. Il ne considérera, « même s'il était seul à le faire, que ses obligations à l'égard de « la classe ouvrière, et notamment cette tâche essentielle et ur- « gente : battre la réaction aux prochaines élections partielles, se « préparer à la battre aux élections générales de 1932, par un « effort incessant de propagande, d'organisation et d'action.

« Il appellera le prochain Congrès du Parti à statuer sur les « divers incidents électoraux dont il est saisi et sur le problème

« d'ensemble touchant les désistements du second tour de scru-
« tin.

« Il s'efforcera de définir les devoirs des Fédérations, de contrôler leurs moyens d'action, d'établir une liaison plus étroite « encore entre elles et les organismes centraux, de coordonner « mieux encore la politique générale du Parti, afin qu'en aucun cas « on ne fasse le jeu de la réaction, afin que la réaction ne soit « jamais l'arbitre entre les partis républicains et le Parti Socialiste, afin que le prétexte de la concentration anticommuniste « n'entraîne jamais des Fédérations dans des coalitions contraires « aux décisions du Parti.

« Mais le Parti Socialiste croit devoir déclarer, dès aujourd'hui, « que les instructions des organismes centraux, comme les décisions des Congrès Nationaux, risquent de rester sans effet sur « le suffrage universel, si les candidats, investis par les partis « républicains, ne présentent pas les qualités morales nécessaires « pour lutter contre la réaction.

« Il espère que ces partis veilleront, désormais, à ce que les « investigations ne soient accordées qu'à des militants éprouvés « et sincères et dont l'action puisse répondre de leur fidélité au « programme des partis qui les investiront.

« En ce qui le concerne, le Parti Socialiste n'a qu'à rappeler « à toutes les Fédérations, à tous les militants le respect des Statuts. Il veillera notamment à ce que soient observés les délais « d'ancienneté, nécessaires pour les investitures. Il recommande, « en même temps à tous les militants, d'être fidèles à la doctrine, « aux traditions, aux pratiques qui ont toujours fait la force de « leur organisation.

« Il espère que les partis républicains trouveront aussi, dans « leurs préoccupations légitimes d'aujourd'hui les règles d'action « nécessaires pour assurer la défaite de la réaction politique et « sociale ».

Veuillez agréer, Monsieur le Président, mes salutations les plus empressées.

Le Secrétaire Général :
Paul Faure.

D'autre part, la C. A. P. a voté, à l'unanimité, l'ordre du jour suivant :

La C.A.P. étant informée du versement du citoyen Simounet au Groupe Socialiste au Parlement, par la Fédération de la Dordogne, conformément à l'article 45 des Statuts du Parti, mandate le Trésorier afin de percevoir sur cet élu les cotisations statutaires prévues à l'article 45 du règlement du Parti.

23 mars 1930. — *Dreux (Eure-et-Loir)* : Election pour un siège de député. Au premier tour, Bérenger, S.F.I.O., arrive en tête des candidats de gauche avec 3.786 voix. Les désistements des radicaux assurent son succès, au second tour, avec 6.906 voix sur 13.751 votants. (Siège conquis).

7 avril 1930. — *Sète (Hérault)* : Election pour un siège de député. Dès le premier tour, Salette, candidat du Parti, est élu avec 5.989 voix, contre 3.399 à M. Faucon, radical, 999 à M. Clergue, indépendant, et 904 à Gautrand, communiste. (Siège conquis).

7 avril 1930. — *Lannion* (*Côtes-du-Nord*) : Election pour un siège de député. Pas de candidat du Parti, malgré les instances de la C.A.P. La Fédération des Côtes-du-Nord a fait porter tout son effort sur la circonscription de Guingamp.

7 avril 1930. — *Guingamp* (*Côtes-du-Nord*) : Election pour un siège de député. Au premier tour, Bertho, S.F.I.O., a 1.827 voix; M. Loth, radical, 3.598; M. de Kérouartz, réactionnaire, 3.273; M. Sérandour, radical, 1.899; M. Le Joliff, agraire, 1.623 voix. Comme pour la Dordogne, le Bureau du Parti et le Bureau du Groupe demandèrent à la Fédération de désister Bertho en faveur du radical, au lieu de le retirer purement et simplement. Le réactionnaire est élu au deuxième tour.

7 avril 1930. — *Saint-Girons* (*Ariège*) : Election pour un siège de député. Au premier tour, notre candidat, Dr Mazaud, obtient 4.562 voix; M. Ragot, radical, 2.720; M. Vidal, réactionnaire, 6.412.

Le radical se désista en faveur de M. Mazaud, qui fut élu par 7.356 voix contre 7.281 à M. Vidal. (Siège conquis).

Au total, les élections législatives partielles dernières sont caractérisées par un recul sensible des forces réactionnaires, un recul non moins sensible des voix communistes, un mouvement général de l'opinion vers les partis de gauche et un succès marqué du Parti Socialiste qui (sauf à Guingamp) accroît fortement le nombre de ses électeurs et enregistre la conquête de quatre sièges de députés.

VIII

PROPAGANDE

Tournée de masse

Une tournée de masse, avec le concours des élus, a été faite les 22 et 23 juin dernier dans six départements de l'Est. Voici le décompte des réunions faites dans chacun de ces départements et des élus qui y ont participé :

Ardennes : 23 réunions avec 9 élus.
Marne : 30 réunions avec 12 élus.
Haute-Marne : 10 réunions avec 7 élus.
Meurthe-et-Moselle : 15 réunions avec 5 élus.
Vosges : 24 réunions avec 9 élus.

Doit être aussi considérée comme tournée de masse la participation de nombreux élus aux récentes campagnes pour les élections législatives partielles.

On trouvera plus loin le total des réunions ou délégations à l'actif de chacun de nos élus.

Délégation permanente

L'activité de nos délégués permanents s'exprime comme suit :

Citoyenne Saumoneau (du 21 avril 1929 au 27 mars 1930) : Moselle, 10 réunions; Indre, 8; Manche, 9; Seine-et-Marne, 1; Vendée, 10; Haute-Vienne, 14; Gers, 11; Pas-de-Calais, 31; Bas-Rhin, 1. Total : 95 réunions.

Albert Inghels (du 23 mai 1929 au 3 avril 1930) : Ardèche, 16 réunions; Gers, 14; Lot, 14; Lot-et-Garonne, 7; Corrèze, 14; Nièvre, 19; Charente-Inférieure, 20; Bas-Rhin, 15; Moselle, 2; Côtes-du-Nord, 26; Landes, 18; Morbihan, 12. Total : 177 réunions.

René Cabanes (du 19 avril 1929 au 31 mars 1930) : Seine-et-Oise, 11 réunions; Seine, 4; Basses-Alpes, 8; Mayenne, 7; Aube, 6; Tarn, 12; Sarthe, 15; Côte-d'Or, 12; Charente-Inférieure, 19; Haute-Saône, 16; Ariège, 15; Basses-Pyrénées, 12; Ardennes, 17; Indre-et-Loire, 12; Indre, 9. Total : 175 réunions.

Théo-Bretin (du 26 avril 1929 au 4 mars 1930) : Saône-et-Loire, 10 réunions; Seine, 2; Creuse, 10; Pas-de-Calais, 1; Puy-de-Dôme, 8; Doubs, 10; Ardennes, 2; Saône-et-Loire, 32; Lot, 45; Somme, 4; Haute-Saône, 1; Alpes-Maritimes, 11; Finistère, 12; Cher, 6; Allier, 15; Meurthe-et-Moselle, 5. Total : 174 réunions.

Réunions et Délégations des élus et des membres de la C. A. P. en dehors de leurs Fédérations

Albertin	7
Andraud	14
Antonelli	8
Auray	1
Auriol	15
Baron	1
Bedouce	2
Béranger	1
Besnard-Ferron	7
Blancho	4
Blum	6
Boncour	5
Boutet	1
Bracke	18
Brenier	2
Bruguier	1
Brunet	11
Buisset	1
Burtin	11
Cadot	1
Calvet	3
Capgras	5
Castanet	6
Chommeton	2
Chouffet	8
Compère-Morel	2
Constans	1
Cotin	4
Deguise	5
Delcourt	13
Evrard	2
Faure (Paul)	41
Fèvre	1
Février	12
Fié	7
Frossard	18
Frot	15
Gamard	15
Goniaux	1
Goujon	3
Gouin	4
Gounin	17
Gros (Louis)	2
Gros (Arsène)	3
Grumbach	17
Guillon	1
Héliès	3
Hymans	16
Lafaye	5
Lafont	11
Laroche	10
Laville	7
Lebret	2
Lefebvre	1
Locquin	8
Luquet	1
Marquet	6
Marsais	11
Masson	8
Mistral	1
Moch	22
Monnet	48
Moutet	8
Nicollet	6
Nouelle	9
Paulin	16
Parsy	11
Ramadier	17
Rauzy	3
Ravanat	11
Renaudel	30
Richard (Georges)	18
Richerand	6
Rivière	11
Rognon	7
Roux (Rémy)	8
Rucklin	2
Salengro	1
Sérol	3
Sixte-Quenin	6
Sizaire	1
Spinasse	16
Tasso	6
Tellier	5
Thivrier	2
Thomas	18
Tonnellier	3
Uhry	14
Déat	57
Bidoux	4
Delépine	1
Farinet	8
Grandvallet	1
Lagrange	1
Lebas	5
Lévy (Louis)	2
Longuet	16
Pivert (Marceau)	8
Séverac	11
Zyromski	18

Propagande écrite

Le relevé des éditions et conditions faites pour le Parti par la *Librairie Populaire* se trouve dans le *Rapport* de la Trésorerie.

Signalons ici qu'en accord avec la Direction et l'Administration du *Populaire*, la page du Parti paraissant chaque mois dans le numéro du journal envoyé à tous nos adhérents, a une présentation nouvelle, qui a paru, à la C.A.P., devoir faciliter la conservation des documents qui y sont publiés.

Le Manifeste pour les élections sénatoriales, dont le texte est publié dans un autre chapitre, a été tiré à 25.000 exemplaires, mis gratuitement à la disposition des Fédérations engagées dans la bataille.

IX

QUESTIONS DIVERSES

Commission Administrative Permanente

Du 26 juin 1929 au 14 avril 1930, la C.A.P. a tenu 19 réunions. La présence des membres aux séances de la C.A.P. s'exprime par les chiffres suivants :

Blancho	4	Lagrange	12
Blum	4	Laroche	6
Bracke	8	Lebas	9
Bretin	4	Le Troquer	11
Caille	17	Lévy (Louis)	14
Chaussy	4	Longuet	12
Colliette	12	Mahler	14
Compère-Morel	13	Mailly	8
Constans	5	Masson	11
Delépine	5	Osmin	14
Farinet	12	Rouger (Hubert)	7
Faure (Paul)	15	Saumoneau (Cne Louise)	11
Février	6	Séverac	16
Gaillard	2	Sixte-Quenin	10
Gérard	6	Uhry	2
Grandvallet	18	Zyromski	16
Graziani	18		

Dans sa réunion du 4 avril, la C.A.P. a décidé, comme suite au texte voté par le Congrès de Nancy en même temps que la revision des Statuts, de faire connaître au Congrès de Bordeaux qu'elle ne croit pas devoir proposer de modification statutaire à sa composition. Il est, en effet, apparu :

1° Que le Conseil National, tel qu'il est désormais institué, fonctionne à la satisfaction générale ;

2° Qu'il peut être convoqué dans les délais les plus rapides (exemple du C. N. des 28 et 29 octobre 1929) ;

3° Que les différences d'origine du C. N. (élu par les Fédérations) et de la C.A.P. (élue par le Congrès) n'ont entraîné entre ces deux organismes aucune friction.

Contre l'arbitraire gouvernemental

Au moment où le Gouvernement d'Union Nationale procédait à de nombreuses arrestations préventives, la C.A.P., dans sa séance du 24 juillet 1929, a voté, pour être publiée dans le *Populaire*, la résolution suivante :

La Commission Administrative Permanente du Parti Socialiste (S.F.I.O.) ;

Dénonce, avec indignation, la politique de répression capitaliste du Gouvernement, de jour en jour plus brutale et plus odieuse, qui a pour but d'accentuer encore les divisions de la classe ouvrière en paralysant tant son action politique que son action syndicale, par les moyens les plus arbitraires ;

Elle s'élève contre la méthode des arrestations préventives, contre le système de provocation et de mouchardage policier, qui violent les droits démocratiques les plus essentiels ;

Elle demande aux travailleurs socialistes d'affirmer, dans les circonstances présentes, qu'ils se refusent, parce que Socialistes, à abandonner ceux que l'on emprisonne au bon plaisir de ceux qui emprisonnent ;

Elle affirme, une fois de plus, en face du Gouvernement, instrument de la dictature bourgeoise, son attachement à la liberté d'opinion et le droit imprescriptible de la classe ouvrière de s'organiser et d'agir pour la conquête de l'Etat et l'instauration d'un ordre social nouveau, fondé sur l'abolition des privilèges capitalistes et l'avénement de la propriété sociale.

Contre les tentatives de division et pour l'unité du Parti

A la suite d'incidents graves dans la Fédération du Finistère — incidents au cours desquels le citoyen Goude, député, a quitté le Parti et a pris position contre lui — la C.A.P., dans sa séance du 24 octobre 1929, a voté l'ordre du jour dont voici le texte :

La C.A.P., saisie des conditions dans lesquelles le citoyen Goude s'est exclu lui-même du Parti et en a fait la déclaration publique, s'est livré, à l'occasion des élections sénatoriales, à des manœuvres contrecarrant les décisions de sa Fédération ;

Saisie aussi des tentatives également publiques, que le citoyen Goude a faites pour essayer de diviser la Fédération et les Sections du Finistère et de créer ainsi un mouvement de scission qui, d'ailleurs, est fatalement voué à l'échec ;

Réprouve de pareils agissements, condamne les actes isolés ou collectifs d'indiscipline, s'élève contre toutes les manœuvres visant à affaiblir et à diviser les forces du Socialisme et adresse un pressant appel à tous les camarades du Finistère, pour qu'ils restent groupés, fidèles et fraternels autour du Parti et de sa Fédération départementale.

Au lendemain du Congrès extraordinaire des 25 et 26 janvier 1930, pour répondre à une campagne de presse, qui ne tendait pas à moins qu'à faire croire que l'unité socialiste était menacée, la C.A.P. (séance du 5 mars 1930) a lancé l'appel suivant aux Fédérations, Sections et militants du Parti :

Dès le lendemain de notre Congrès National de Paris, toute une campagne de presse a été engagée, tendant à laisser croire que notre Parti, irrémédiablement divisé, était à la veille d'une nouvelle scission.

Nos camarades ne se seront nulle part laissé émouvoir par ces manœuvres et racontars sans fondement. Déjà nos journaux fédéraux en ont fait justice par leurs vigoureuses répliques.

A son tour, la C.A.P. tient à affirmer bien haut la fidélité de tous au Parti et l'inébranlable solidité de notre unité.

S'il était nécessaire d'en apporter une preuve décisive, on la trouverait dans les débats eux-mêmes de notre dernière Assemblée, où, par un vote unanime et solennel, les délégués de la France socialiste ont renouvelé leur adhésion sans réserve à la Charte constitutive de notre Parti.

La C.A.P. se félicite que la politique et les conceptions qu'elle avait défendues aient reçu l'approbation du Congrès et qu'ainsi le socialisme soit resté sur le plan même de ses résolutions passées, qui lui ont permis, pendant vingt-cinq ans, d'accroître sans cesse ses forces et son influence.

Elle souligne, avec fierté, que la décision prise l'a été après la consultation la plus loyale, la plus complète et la plus délibérée des quatre mille Sections du Parti, et que personne ne saurait, désormais, en contester la validité et l'autorité.

De nouveaux devoirs s'imposent maintenant à tous ceux qui veulent résolument servir le Socialisme.

La C.A.P. connaît les siens et n'y faillira pas.

L'heure n'est plus aux discussions intérieures, inévitables à certains moments, et qui témoignent de la vitalité de nos organisations, mais qui deviendraient vite déprimantes et dissolvantes si on les entretenait artificiellement.

Une crise économique, la plus redoutable peut-être que le monde capitaliste ait connue, monte à tous les horizons, et l'on peut s'attendre à des bouleversements et à des perturbations de portée incalculable dans tous les domaines de la production.

Le Prolétariat connaîtra des jours sombres et des souffrances cruelles.

Trêve à toutes nos discordes ! Rassemblons nos énergies !

Union de tous dans nos rangs pour faire à cette occasion la critique impitoyable du capitalisme, responsable des ruines matérielles et des millions de morts que la guerre a amoncelés, comme il porte, par avance, la responsabilité des désordres et des malfaisances qui vont ruiner et affamer des populations et menacer les bases de la civilisation moderne !

Union de tous pour faire aimer et comprendre le Socialisme, dont les solutions de salut public s'imposent dans les circonstances qui viennent, à l'intelligence, au cœur et aux intérêts des hommes !

La C.A.P. adresse un appel pressant à tous, élus, Secrétaires de Fédérations, de Sections, simples militants, à tous les propagandistes des villes et des hameaux.

Elle leur demande D'INTENSIFIER LEUR ACTION QUOTIDIENNE, DE RECRUTER DE NOUVEAUX ADHERENTS, D'EDUQUER DAVANTAGE LES ANCIENS, DE MULTIPLIER LES REUNIONS PUBLIQUES, DE TROUVER CHAQUE JOUR DES LECTEURS ET ABONNES AU POPULAIRE, *DE FAIRE DE TOUS NOS GROUPES DES FOYERS ARDENTS DE VIE ET DE COMBAT.*

Nos adversaires racontent que nos forces vont se diviser ; montrons-leur que notre mot d'ordre, exécuté par tous d'un même cœur et d'un même élan, est de les doubler pour rapprocher l'heure inévitable de la victoire du Prolétariat.

La Commission Administrative Permanente
du Parti Socialiste
(Section Française de l'Internationale Ouvrière).

Contre le Colonialisme

A la veille des fêtes pour le Centenaire de la conquête de l'Algérie, et en plein accord avec nos Fédérations de l'Afrique du Nord, la C.A.P. a pris la décision de publier la résolution ci-dessous et de transmettre au Groupe Parlementaire, en les approuvant les vœux de nos militants d'Algérie :

Au moment où la bourgeoisie capitaliste s'apprête à célébrer le centenaire de l'Expédition d'Alger et à glorifier, par cette commémoration, le colonialisme moderne, la Commission Administrative Permanente rappelle que le Parti ne doit laisser aucune occasion de combattre la politique d'aventures coloniales du capitalisme et de lutter pour les droits méconnus des populations indigènes.

Grandes Manifestations

Parmi les manifestations dont la C.A.P. a pris l'initiative ou auxquelles elle a donné son concours le plus large, il faut citer :

La Manifestation pour la Maison du Parti (30 juin 1929);

Le Cinquantenaire du Premier Congrès Socialiste en France (29 octobre 1929);

Manifestation internationale de Champigny (1er décembre 1929).

Vingt-cinquième Anniversaire de l'Unité socialiste (22 mars 1930).

Relations internationales

La part prise par la Section Française à l'activité de l'Internationale Ouvrière Socialiste sera marquée spécialement dans le rapport de notre Délégation à l'Exécutif de l'Internationale.

La C.A.P. n'a pas pu accueillir favorablement — et pour des raisons d'ordre strictement matériel — les nombreuses invitations qui lui ont été adressées par d'autres Sections de l'Internationale. Elle a néanmoins pu se faire représenter par Bracke auprès de nos camarades d'Allemagne; par Rivière, auprès de nos camarades allemands de Tchéco-Slovaquie; par Delcourt, auprès du Parti Ouvrier Belge ; enfin, par Longuet, aux fêtes pour l'inauguration du monument Pablo Iglesias, à Madrid.

Signalons ici que notre « Maison du Parti » a pu offrir ses locaux à l'Internationale pour la réunion commune des Bureaux de l'I.O.S. et de la Fédération Syndicale Internationale (7 et 8 mars 1930).

Nos Morts

Comme chaque année, nous avons à déplorer le décès de trop nombreux camarades. Parmi ceux dont le vide se fera le plus cruellement sentir dans nos rangs, citons :

Jean Dumollard, de la Fédération de la Savoie ;
Maurice André, de Seine-et-Marne ;
Hébert Corgeron, de la Seine ;
Raymond Lavigne, de la Gironde ;
Gabriel Farjat, du Rhône ;
Emile Dormoy, de la Haute-Saône,
Bourderon, de la Seine;
Pédron, de la Seine;
Jules Hirsch, de la Seine;
Jacotot, de la Seine.
Elysée Lassalle, ancien député des Ardennes.

qui ont tous largement contribué au développement de notre Parti et à la pénétration de nos idées dans les consciences ouvrières.

Activité du Secrétariat

Depuis le Congrès de Nancy jusqu'au 15 avril 1930, le Bureau du Parti a expédié 5.680 lettres numérotées.

Il a lancé 3.406 circulaires, dont l'expédition, jointe à celle de convocations et rapports de tous ordres, a nécessité 11.622 envois postaux.

Nos Effectifs

On verra, par les tables publiées dans le rapport de la Trésorerie, que le Parti semble entrer dans une nouvelle période de recrutement. L'anné 1929 s'est close avec 119.591 adhérents, c'est-à-dire avec une augmentation de 10.000 adhérents en chiffres ronds sur l'année précédente.

Les quatre premiers mois de 1930 laissent prévoir que

cette année ne sera pas moins fructueuse en adhésions que 1929. A l'heure où ce rapport est écrit (fin avril), plus de 100.000 feuilles de cotisations ont été déjà expédiées aux Trésoriers fédéraux, et huit mois nous séparent encore de la fin de l'Exercice.

Un seul de nos départements — la Mayenne — restait sans Fédération socialiste. Ce n'est plus vrai depuis le mois de juin 1929. Deux Fédérations nouvelles ont pu se constituer dans nos colonies; l'une à La Guadeloupe, l'autre au Tonkin.

Ces quelques chiffres et ces quelques faits suffiraient à justifier les plus grandes espérances. Les élections partielles, dont il a été fait mention, au cours de ce rapport, nous apportent de nouvelles raisons d'avoir confiance dans les hautes destinées de notre Parti et l'importance de ses prochaines conquêtes.

Le Secrétaire général adjoint : J.-B. SÉVERAC.

La Presse Socialiste en France

AISNE. — *Le Cri du Laonnais*, 19, rue Sérurier, à Laon (Aisne) (hebdomadaire).

Le Cri de Saint-Quentin, 13, rue Jean-Lafontaine, à Saint-Quentin (Aisne) (hebdomadaire).

Le Réveil Soissonnais, 8, rue Thiers, à Soissons (Aisne) (hebdomadaire).

ALGER. — *Demain*, 10, rue Bedeau, à Alger (Algérie) (hebdomadaire).

ALLIER. — *Le Combat Social*, rue Damiette, à Montluçon (Allier) (hebdomadaire).

BASSES-ALPES. — *Le Travailleur des Alpes*, 11, rue Colonel-Payan, à Digne (Basses-Alpes) (hebdomadaire).

HAUTES-ALPES. — *Les Alpes Nouvelles*, 34, rue Saint-Arey, à Gap (Hautes-Alpes) (hebdomadaire).

ARDECHE. — *L'Ardèche Socialiste*, place de l'Eglise, à Privas (Ardèche) (hebdomadaire).

ARDENNES. — *Le Socialiste Ardennais*, 16, place Ducale, à Charleville (Ardennes) (bi-hebdomadaire).

ARIÈGE. — *La Montagne Socialiste*, Imprimerie Vergé-Doumenc, à Saint-Girons (Ariège) (hebdomadaire).

AUBE. — *Le Travailleur*, 12, rue du Gros-Raisin, à Troyes (Aube) (bi-mensuel).

AUDE. — *La République Sociale*, 30, rue Gambetta, à Narbonne (Aude) (hebdomadaire).

BOUCHES-DU-RHONE. — *Le Populaire de Provence*, 45, rue Sainte, à Marseille (Bouches-du-Rhône) (hebdomadaire).

Le Phare Rouge, quai des Belges, La Ciotat (Bouches-du-Rhône) (bi-mensuel).

CALVADOS. — *Le Pays Normand*, 16, rue Froide, à Caen (Calvados) (hebdomadaire).

CANTAL. — *Le Socialiste*, 11, rue de la Coste, à Aurillac (Cantal) (hebdomadaire).

CHARENTE. — *Le Cri Charentais*, 18, rue d'Aguesseau, à Angoulême (Charente) (hebdomadaire).

CONSTANTINE. — *L'Etincelle*, 23, cours Bertagna, à Bône (Constantine) (hebdomadaire).

COTE-D'OR. — *Le Socialiste Côte-d'Orien*, Café Labbez, 22, place d'Armes, à Dijon (Côte-d'Or) (mensuel).

COTES-DU-NORD. — *L'Éveil Breton*, 9 *bis*, rue Saint-Benoît, à Saint-Brieuc (Côtes-du-Nord) (bi-mensuel).

BELFORT et DOUBS. — *La Tribune de l'Est*, 19, rue du Ballon, à Belfort (Haut-Rhin) (bi-mensuel).

DROME. — *La Volonté Socialiste*, 3, boulevard d'Alsace, à Valence (Drôme) (hebdomadaire).

EURE-ET-LOIR. — *Le Populaire d'Eure-et-Loir*, 10, rue de Flandres, à Dreux (Eure-et-Loir) (hebdomadaire)-

FINISTÈRE. — *Le Breton Socialiste*, 1, rue Haute, à Morlaix (Finistère) (hebdomadaire).

GARD. — *Le Combat Social*, square Antonin, à Nîmes (Gard) (hebdomadaire).

HAUTE-GARONNE. — *Le Midi Socialiste*, 36, rue Roquelaine, à Toulouse (Haute-Garonne) (quotidien).

GERS. — *Le Gers Socialiste*, 2, place de l'Hôtel-de-Ville, à Auch (Gers) (hebdomadaire).

GIRONDE. — *Le Cri Populaire*, 10, rue Porte-Dijeaux, à Bordeaux (Gironde) (hebdomadaire).

HÉRAULT. — *Le Cri Socialiste du Midi*, 4, rue d'Alsace, à Béziers (Hérault) (hebdomadaire).

Le Languedoc Socialiste, 4, boulevard Victor-Hugo, à Montpellier (Hérault) (hebdomadaire).

ILLE-ET-VILAINE. — *L'Aurore*, 22, rue de Nemours, à Rennes (Ille-et-Vilaine) (hebdomadaire).

INDRE. — *L'Effort du Berry*, 1, rue du Juge-de-Paix, à Issoudun (Indre) (hebdomadaire).

INDRE-ET-LOIRE. — *Le Réveil*, 5, rue de l'Alma, à Tours (Indre-et-Loire) (hebdomadaire).

ISÈRE. — *Le Droit du Peuple*, 7, rue Aristide-Bergès, à Grenoble (Isère) (hebdomadaire).

JURA. — *Le Jura*, Maison du Peuple, 12, rue de la Ployat, à Saint-Claude (Jura) (hebdomadaire).

LANDES. — *Les Landes Socialistes*, Marius Cassagne, à Sabres (Landes) (bi-mensuel).

LOIR-ET-CHER. — *Le Progrès de Loir-et-Cher*, 6, rue au Blé, à Vendôme (Loir-et-Cher (hebdomadaire).

LOIRE. — *Le Réveil*, 4, rue Balay, à Saint-Etienne (Loire) (hebdomadaire).

LOIRE-INFERIEURE. — *Le Travailleur de l'Ouest*, 45, rue Villès-Martin, à Saint-Nazaire (Loire-Inférieure) (hebdomadaire).

LOT. — *Le Travail*, 26, boulevard Gambetta, à Cahors (Lot) (hebdomadaire).

MAINE-ET-LOIRE. — *L'Effort Social*, 1, rue Louis-de-Romain, à Angers (Maine-et-Loire) (hebdomadaire).

MARNE. — *Le Travail*, 57, rue Chanzy, à Reims (Marne) (hebdomadaire).

MAROC. — *Le Populaire Marocain*, Boîte Postale, 57, à Kenitra (Maroc) (hebdomadaire).

MARTINIQUE. — *La Résistance*, 163, rue Ernest-Renan, à Fort-de-France (Martinique) (hebdomadaire).

MEURTHE-ET-MOSELLE. — *Le Populaire de l'Est*, R. Garnier, 12, rue de Thionville, à Longwy (Meurthe-et-Moselle) (hebdomadaire).

MEUSE. — *L'Eveil de la Meuse*, P. Bourbon, rue de la Bonneterie, à Verdun (Meuse) (hebdomadaire).

MORBIHAN. — *Le Rappel du Morbihan*, 21, rue Victor-Massé, à Lorient (Morbihan) (hebdomadaire).

MOSELLE. — *Bataille*, 2, rue Neuve, à Thionville (Moselle) (mensuel).

NORD. — *L'Avenir*, 13, place du Thumelart, Saint-Amand-les-Eaux (Nord) (hebdomadaire).

La Bataille, 23, place Rihour, à Lille (Nord) (hebdomadaire).

La Bataille Ouvrière, 73, boulevard de Belfort, à Roubaix (Nord) (hebdomadaire).

OISE. — *Le Cri Populaire de l'Oise*, 48, rue Victor-Hugo, à Creil (Oise) (hebdomadaire).

ORAN. — *Le Semeur*, 19, rue Cavaignac, à Oran (Oran) (hebdomadaire).

PAS-DE-CALAIS. — *L'Eclaireur du Pas-de-Calais*, rue Michelet, à Lens (Pas-de-Calais) (hebdomadaire).

PYRENÉES-ORIENTALE. — *Le Cri Catalan*, 5, place Jean-Jaurès, à Perpignan (Pyrénées-Orientales) (hebdomadaire).

PUY-DE-DOME. — *L'Auvergne Socialiste*, 1, boulevard Desaix, à Clermont-Ferrand (Puy-de-Dôme) (hebdomadaire).

Le Drapeau Rouge (organe des Jeunesses Socialistes du Puy-de-Dôme), Théo Bellet, 19, rue Emmanuel-Chabrier, à Clermont-Ferrand (Puy-de-Dôme) (mensuel).

BAS-RHIN. — *La Presse Libre*, 1, place de Bienne, à Strasbourg (Bas-Rhin) (quotidien).

HAUT-RHIN. — *Le Républicain*, 35, rue des Trois-Rois, à Mulhouse (Haut-Rhin) (quotidien).

RHONE. — *L'Avenir Socialiste*, « A l'Unitaire », 129, rue Boileau, à Lyon (Rhône) (hebdomadaire).

HAUTE-SAONE. — *Le Socialiste de la Haute-Saône*, 15, boulevard de Besançon, à Vesoul (Haute-Saône) (bi-mensuel).

SAONE-ET-LOIRE. — *La Dépêche Socialiste*, Boîte Poste N° 38, à Mâcon (Saône-et-Loire) (hebdomadaire).

SARTHE. — *La République Sociale de l'Ouest*, 33, rue Ducré, Le Mans (Sarthe) (hebdomadaire).

SAVOIE et HAUTE-SAVOIE. — *Le Socialiste Savoyard*, E. Pillet, à Présilly, par Le Chable-Beaumont (Haute-Savoie) bi-mensuel).

SEINE. — *Le Populaire* (Organe Central), 9, rue Victor-Massé, Paris (9e) (quotidien).

Le Cri des Jeunes (Organe Central des Jeunesses Socialistes de France), 9, rue Victor-Massé, Paris (9e) (mensuel).

Le Populaire d'Aubervilliers, 11, rue de Tanger, Paris (19e) (mensuel).

La Vérité Socialiste, 85 *bis*, avenue Beauséjour, à Saint-Maur (Seine) (mensuel).

Le Socialiste, 68, rue Jean-Jaurès, à Villejuif (Seine) (hebdomadaire).

SEINE-ET-MARNE. — *Le Travail*. 7, rue de Martimprey, à Meaux (Seine-et-Marne) (hebdomadaire).

SEINE-ET-OISE. — *Le Travailleur*, Gérard, 30, rue d'Aulnay, à Livry-Gargan (Seine-et-Oise) (mensuel).

DEUX-SEVRES. — *Le Travail*, 151 *bis*, avenue de Limoges, à Niort (Deux-Sèvres) (hebdomadaire).

SOMME. — *Le Cri du Peuple*, 383, route d'Abbeville, à Amiens (Somme) (hebdomadaire).

TONKIN. — *Le Petit Populaire du Tonkin*, 84, boulevard Carreau, à Hanoï (Tonkin) (bi-mensuel).

TUNISIE. — *Tunis Socialiste*, rue de Besançon, par l'avenue de Londres prolongée, Tunis (quotidien).

VAUCLUSE. — *Le Réveil Vauclusien*, 63, avenue d'Avignon, à Carpentras (Vaucluse) (hebdomadaire).

VIENNE. — *L'Action Sociale*, rue Aimé-Rasseteau, à Chatellerault (Vienne) (hebdomadaire).

HAUTE-VIENNE. — *Le Petit Limousin*, 9, place Fontaine-des-Barres, à Limoges (Haute-Vienne) (bi-hebdomadaire).

Le Populaire du Centre, 9, place Fontaine-des-Barres, à Limoges (Haute-Vienne) (quotidien).

VOSGES. — *Le Travailleur Vosgien*, 23, rue du Boudiou, à Epinal (Vosges) (hebdomadaire).

YONNE. — *L'Yonne Socialiste*, Marcoux, à Toucy (Yonne) (hebdomadaire).

Journaux dirigés par des Membres du Parti

BOUCHES-DU-RHONE. — *L'Homme de Bronze*, 16, rue du Président-Wilson, à Arles (Bouches-du-Rhône) (hebdomadaire).

GIRONDE. — *Le Progrès*, 82, rue du Loup, à Bordeaux (Gironde) (hebdomadaire).

NIEVRE. — *La Tribune du Centre*, 32, avenue de la Gare, à Nevers (Nièvre) (tri-hebdomadaire).

NORD. — *Le Peuple Libre*, 17, rue des Augustins, à Lille (Nord) (hebdomadaire).

PUY-DE-DOME. — *La Montagne*, 6, rue Blatin, à Clermont-Ferrand (Puy-de-Dôme) (quotidien).

SEINE. — *La Bataille Socialiste*, 8, rue de la Collégiale, Paris (5e) (mensuel).

L'Etincelle Socialiste, 20, boulevard de Clichy, Paris (18e) (hebdomadaire).

La Femme Socialiste, 6, rue Flatters, Paris (5e) (mensuel).

La Nouvelle Revue Socialiste, 39, rue Montmartre, Paris (1er) (mensuel).

La Vie Socialiste, 32, rue Rodier, Paris (9e) (hebdomadaire).
domadaire).

SEINE-INFERIEURE. — *Le Progrès Social*, 10, rue du Chêne-Percé, à Dieppe (Seine-Inférieure) (hebdomadaire).

Le Progrès Social, 11, rue Regnard, Le Havre (Seine-Inférieure) (hebdomadaire).

SEINE-ET-OISE. — *L'Egalité*, 26, rue Jules-Guesde, à Villeneuve-Saint-Georges (Seine-et-Oise) (hebdomadaire).

TARN-ET-GARONNE. — *La Vérité*, 60, rue de Fécamp, Paris (12e) (hebdomadaire).

Budget Prévisionnel pour l'Exercice 1930

La Commission Administrative permanente soumet à l'approbation du Conseil National du 6 octobre prochain le projet de budget ci-contre qu'elle a adopté dans sa séance du 28 août.

En résumé, les prévisions de recettes s'élèvent à .... 1.543.040 frs
Et les prévisions de dépenses à............ 1.542.080 frs

L'excédent de recettes n'étant que de...... 960 frs

Recettes et dépenses ont été évaluées en tenant compte de trois éléments : les opérations faites en 1928, les prévisions faites pour 1929 et les résultats constatés à fin juillet dernier. Nous avons ainsi prévu, aussi exactement que possible, les recettes et les dépenses du Parti pour l'an prochain.

Nous croyons utile de donner quelques brèves explications.

RECETTES

Les prix des fournitures : carte, feuille-cotisations, timbre mensuel, ne subissent pas de changement. C'est dire que nous maintenons le prix du timbre mensuel à 1 franc, cinquante centimes continuant d'être versés au *Populaire* pour combler le déficit du journal.

Nous proposons :

Pour la vente des cartes permanentes, la même recette qu'en 1920, soit 15.000 francs.

Pour la vente des feuilles cotisations nous prévoyons une légère augmentation justifiée par le progrès du recrutement cette année : 165.000 francs au lieu de 150.000 francs en 1929.

De même pour la prise des timbres, et pour la même raison : 990.000 francs au lieu de 900.000 francs en 1929.

Pour les *recettes extraordinaires*, nous rappelons : 1° que la cotisation annuelle de 1 franc par Section pour alimenter le *Fonds Mattéotti* a fait l'objet d'une décision de Congrès national ; 2° que pour permettre l'impression des débats de nos Congrès nationaux un Congrès décida que les Fédérations seraient tenues au versement d'une somme représentant autant de fois 20 francs que leur délégation compte de délégués de droit.

Nos prévisions de *recettes pour la propagande* appellent les remarques que voici :

Les cotisations des parlementaires figurent pour une somme de 330.000 francs, égale à 110 versements annuels de 3.000 francs.

Nous rappelons que la *cotisation parlementaire* à la caisse centrale est de 250 francs par mois dont 200 francs pour le parti et 50 francs pour le Secrétariat du groupe au Parlement. Les légères diminutions dans les évaluations des cotisations des Conseillers municipaux de Paris (20 francs par mois) et des Conseillers généraux de la Seine (15 francs par mois) proviennent de la réduction du nombre de nos élus.

Nous rappelons aussi qu'un Conseil national décida que chaque Section serait tenue à une cotisation annuelle de 3 francs acquittée en *timbres spéciaux de propagande* et pour laquelle il est prévu 10.800 francs au lieu de 9.900 fr. pour cette année.

Le *loyer de la Librairie* fixé à 6.500 francs ne subit une diminution qu'en apparence, car elle supportera les dépenses pour charges qui étaient payées par le Parti.

DEPENSES

Aux *dépenses administratives* nous n'avons que quelques remarques à faire.

Le crédit *Personnel* est prévu pour 110.000 francs au lieu de 102.600 cette année. Il s'agit simplement de permetrre à la C. A. P. de constituer des dossiers sur les multiples questions et affaires qui intéressent le Parti.

Pour la même raison, le crédit *Archives*, passe de 2.000 à 5.000 francs.

Le crédit prévu pour la *Maison du Parti* subit une réduction importante. De 145.000 francs pour 1929 il tombe à 127.000 francs. Cela est dû à un remboursement anticipé qui diminue la charge d'intérêts.

Nos cotisations à *l'Internationale* croissent rapidement. Le crédit prévu de 46.000 francs ne sera peut-être pas suffisant.

Par suite des modifications apportées par le Congrès de Nancy au *Conseil National*, il faut prévoir quatre réunions du Conseil. Chaque réunion coûtera, pour remboursement des délégués des Fédérations, 15.500 francs, d'où la prévision de 62.000 francs.

Les crédits pour la *propagande* sont en général ceux de 1929.

Le crédit *Délégués permanents* accuse une augmentation de 3.600 francs qui résulte d'une décision de la C. A. P. accordant une indemnité exceptionnelle au citoyen Théo Bretin, en raison de ses lourdes charges de famille.

Le crédit *Retraite du personnel* est porté de 8.400 à 10.000 francs.

La C. A. P. saisie d'un vœu adopté par le Congrès de Nancy et concernant le citoyen Lucien Roland à qui une pension annuelle de 8.400 francs a été accordée, a décidé d'élever cette pension à 10.000 francs.

La *subvention au « Populaire »* qui figure, en 1929, pour 450.000 francs est portée à 495.000 francs. Elle résulte de la prise de 990.000 timbres, prévue pour 1930.

En raison des élections législatives provoquées par les prochaines élections sénatoriales, nous proposons un crédit de 40.000 francs pour *subventions aux Fédérations.*

Enfin, nous vous proposons d'inscrire un crédit de 10.000 francs, *Avance à la Librairie Populaire pour éditions de brochures.* Ce crédit n'a que le défaut d'être modique.

Vous le voyez, dans son ensemble, le projet de budget pour 1930 ressemble beaucoup au budget de 1929, ce qui n'a rien de surprenant, les ressources dont disposera le Parti restant, à peu de chose près, les mêmes.

Le Rapporteur :

J. Lebas.

BUDGET PRÉVISIONNEL POUR L'EXERCICE 1930 DU SECRÉTARIAT DU GROUPE SOCIALISTE AU PARLEMENT

RECETTES

116 Elus à 600 francs	Fr.	69.600	»
Subvention Fédération Nationale des Municipalités Socialistes		5.000	»
Contribution du Parti		1.400	»
Total	Fr.	76.000	»

DEPENSES

Personnel	Fr.	65.100	»
Assurances Sociales		3.260	»
Frais Bureau		2.000	»
— Envois		1.000	»
— Perception		1.400	»
— Divers		540	»
— de Propagande		2.700	»
Total	Fr.	76.000	»

BUDGETS PRÉVISIONNELS

Budget

RECETTES

	Prévues en 1929	Proposées pour 1930
A. — *Ordinaires :*		
20.000 cartes permanentes Fr.	15.000 »	15.000 »
110.000 feuilles cotisations....	150.000 »	165.000 »
Règlements	10.000 »	»
990.000 timbres	900.000 »	990.000 »
B. — *Extraordinaires :*		
Intérêts des fonds placés.....	2.000 »	5.000 »
Fonds Matteoti	3.300 »	3.600 »
Versements des Fédérations pour impression du compte rendu du Congrès National.	6.400 »	6.400 »
Total ....Fr.	1.086.700 »	1.185.000 »

POUR L'EXERCICE 1930

Administratif

DÉPENSES

	Prévues en 1929	Proposées pour 1930
	—	—
A. — *Administratives :*		
Personnel .... Fr.	102.600 »	110.000 »
Frais du siège	41.000 »	41.000 »
— du bureau	2.000 »	2.000 »
— de correspondance	4.000 »	4.000 »
— d'envois	4.000 »	6.500 »
— divers d'administration....	1.000 »	1.000 »
— d'archives	2.000 »	5.000 »
Achat de matériel	5.000 »	6.000 »
Assurances accidents............	800 »	800 »
Impression cartes et timbres.....	38.000 »	38.000 »
Populaire mensuel	216.000 »	215.960 »
Assurances sociales	5.130 »	5.600 »
Fonds de retraite	7.000 »	7.000 »
Maison du Parti	145.000 »	127.000 »
B. — *Congrès :*		
Délégations internationales......	10.000 »	10.000 »
Cotisations	40.700 »	46.000 »
Organisation Congrès National	70.000 » (pour les six lignes suivantes, accolade)	26.000 »
Voyages délégués au Congrès National		20.500 »
Voyages délégués aux Conseils Nationaux		62.000 »
Organisation Conseils Nationaux		2.000 »
Délégations à la C.A.P. et à la Commission des conflits.......		10.000 »
Impression du compte rendu du Congrès National	10.000 »	10.000 »
C. — *Fonds Matteoti*	3.300 »	3.600 »
Total .... Fr.	707.530 »	759.960 »

Budget de

RECETTES

	Prévues en 1929	Proposées pour 1930
C. — Ordinaires :		
Cotisations des parlementaires	317.400 »	330.000 »
— des conseillers municipaux	2.640 »	1.680 »
Cotisations des conseillers généraux	1.440 »	1.260 »
Municipalités socialistes (subvention pour le Secrétariat du groupe parlementaire)..	5.000 »	5.000 »
D. — Extraordinaires :		
Dons et timbres propagande.	9.900 »	10.800 »
Remboursement de prêts	2.800 »	2.800 »
Loyer libraire	9.000 »	6.500 »
Total .... Fr.	348.180 »	358.040 »
Recettes administratives	1.086.700 »	1.185.000 »
Recettes totales .... Fr.	1.434.880 »	1.543.040 »

POUR L'EXERCICE 1930

Propagande

DÉPENSES

	Prévues en 1929		Proposées pour 1930	
D. — *Ordinaires* :				
Délégués permanents .... Fr.	72.000	»	75.600	»
Frais, voyages, séjours......	52.000	»	52.000	»
Impression tracts, documents	5.000	»	5.000	»
Assurances accidents	700	»	700	»
Assurances sociales	8.280	»	8.280	»
Retraite du personnel	8.400	»	10.000	»
Subv. à la Fédération sportive	1.500	»	2.000	»
Subv. Comité National mixte.	2.000	»	2.500	»
Subv. Fédér. Nat. Etudiants.	1.000	»	1.000	»
Secrét. groupe parlementaire.	76.000	»	76.000	»
E. — *Extraordinaires* :				
Subvention pour *Le Populaire*	450.000	»	495.000	»
Organisation manifestations..	5.000	»	5.000	»
Subv. électorales Fédérations	10.000	»	40.000	»
Subv. élector., tracts, affiches.	10.000	»	»	
Avances à *Librairie Populaire* pour éditions de brochures..	»		10.000	»
Total .... Fr.	701.880	»	783.080	»
Dépenses administratives	707.530	»	759.960	»
Dépenses totales ....Fr.	1.409.410	»	1.543.040	»
Excédents de recettes........	25.470	»	»	
Balance ......Fr.	1.434.880	»	1.543.040	»

Rapport de la Trésorerie

Présenté par le Citoyen J.-P. GRANDVALLET

Trésorier Général

Le budget prévisionnel de 1929 qui fut adopté par la C.A.P. plénière du 11 novembre 1928 était basé sur les dix premiers mois de cet exercice.

A la veille d'une revision des Statuts, portant surtout sur la réorganisation administrative, il ne pouvait être qu'un budget indicatif.

C'est pourquoi vous pouvez constater par comparaison avec les chiffres des comptes administratifs de 1929 que :

1° Les recettes prévues pour 1.434.880 francs se sont élevées à 1.720.391 francs et les dépenses prévues pour 1.409.410 à 1.820.924 francs.

L'augmentation des recettes de 246.875 francs provient de l'accroissement du nombre de nos adhérents prévu pour 100.000 et qui dépassa ce chiffre de 19.519 — d'ou plus-value de 197.877 francs.

2° Que l'intérêt des fonds placés avait été sous-estimé puisque figurant pour 2.000 francs, il s'est élevé à 28.315 fr. de plus, du fait qu'il est tenu compte de l'intérêt du capital versé sur la Maison du Parti.

Que 19.46 francs ont été prélevés sur la souscription pour l'achat de la Maison du Parti, en vue de l'aménagement des bureaux du Centre.

Enfin, par la rentrée de la souscription des élus à la Maison du Parti.

Les dépenses envisagées pour 1.409.410 francs se sont élevées à 1.820.924 francs. C'est donc un dépassement de 411.514 francs, qui provient pour la plus grosse partie du fait que le *Populaire* mensuel nous a coûté 24.000 francs de plus, en raison de l'accroissement du nombre des adhérents.

Pour ne pas payer un fort intérêt sur le capital restant dû sur la Maison du Parti, il fut versé 100.000 francs au début de janvier et 236.000 francs en fin d'année, de sorte que le Parti ne doit plus sur la Maison que 200.000 francs au *Populaire*, qui en a fait l'avance.

Il n'est constaté de dépassement de crédit que pour les frais de bureau de 1.335 francs et frais d'envois 2.719 fr., occasionnés par l'activité du Centre.

Au chapitre Congrès, 150.700 francs prévus pour 168.224 francs dépensés.

Au chapitre cotisations internationales, 9.250 francs d'augmentation et, 32.459 fr. 65 pour exercice 1930, avance sollicitée par le Trésorier international.

Le reste de l'augmentation des dépenses de ce chapitre, soit 13.000 francs environ, est provoqué par l'accroissement des réunions nationales.

Les 10.000 francs prévus pour impression du Congrès n'ont pu être employés, le Secrétariat n'ayant pas reçu en fin d'année, de tous les orateurs, leurs épreuves de sténographie corrigées.

Les dépenses ordinaires de Propagande se sont augmentées de 37.566 francs, justifiés par :

3.600 francs, augmentation aux délégués permanents ;
7.900 francs, augmentation de frais de voyage ;
4.575 francs, augmentation pour dons de brochures ;
933 francs, augmentation pour retraites du personnel ;
5.460 francs, augmentation pour subvention à C.N.M. ;
1.000 francs, augmentation subvention aux Jeunesses Socialistes de la Seine ;

(Ces 1.000 francs représentent la valeur locative du siège mis à leur disposition par la C.A.P., au 12, de la rue Feydeau).

2.960 francs au Secrétariat du Groupe Socialiste au Parlement.

En réalité, ce crédit n'a pas été dépassé, ainsi que vous pouvez le voir aux comptes administratifs de cet organisme, qui accuse un reste de caisse de 3.632 fr. 90.

Enfin, 15.278 francs furent avancés à la Librairie, pour permettre les éditions nouvelles de brochures de propagande.

Les dépenses extraordinaires accusent un excédent de 143.300 francs, du fait que les 0 fr. 50 de subvention au *Populaire*, par timbre cotisation ont produit un excédent de 81.500 francs et que la souscription des élus, pour la Maison du Parti, non prévue, est inscrite pour 48.560 fr.

Les subventions électorales se sont également augmentées de 2.000 francs.

Pour terminer ces quelques renseignements, je tiens à indiquer que sur ce budget de dépenses de 1.821.000 francs qui, certes atteste la vitalité de notre Parti, 531.000 francs d'une part, vont au *Populaire* et 240.000 francs au supplément mensuel, envoyé à tous les membres du Parti, soit : 771.000 francs.

Que, d'autre part, 336.000 francs ont été affectés au paiement de la Maison du Parti ; ce qui revient à dire que le budget, proprement dit, de notre organisation se trouve ramené à 800.000 francs en chiffres ronds.

Le bilan vous indique à l'actif que certains de nos élus, très peu nombreux d'ailleurs, ne remplissent pas leurs engagements d'où l'apparition des deux sommes de 43.355 francs et de 3.435 francs.

Les sommes figurant au dû par Fédérations de la Somme et de l'Yonne sont, à l'heure actuelle, remboursées ; et celle inscrite à la Fédération de l'Aube, en partie acquittée.

Au passif, 200.000 francs restent dûs sur la Maison du Parti. Nous espérons que cette dette sera éteinte dans l'exercice de 1930.

Le solde créditeur nous indique que la situation financière de notre Parti, pour ne pas être brillante, n'est cependant pas trop mauvaise.

***

Comme vous avez pu le voir au budget prévisionnel, des impositions de solidarité et de propagande, adoptées précédemment, sont maintenues et les Fédérations se trouvent, depuis le 1er janvier, débitées envers la Trésorerie Générale de :

1° Un timbre Mattéotti par Section ;

2° De trois timbres de Propagande également par Section ;

3° De 20 francs par droit de délégués au Congrès.

Les Trésoriers Fédéraux trouveront au tableau des forces fédérales le montant de leur débit. Le nombre de Sections étant celui déclaré par le Secrétaire Fédéral et restant inscrit à notre fichier.

NOTRE SERVICE D'ÉDITION ET DE LIBRAIRIE

Le chiffre de vente de la **Librairie Populaire** s'est encore, cette année, affirmé en progression, ainsi qu'en témoignent les chiffres ci-dessous :

En 1925	76.501 15
1926	87.535 70
1927	118.225 95
1928	134.764 55
1929	143.894 30

Soucieuse de favoriser le développement de la propagande écrite, la C.A.P. a autorisé une nouvelle avance de

15.278 fr. 50 à la Librairie, afin de permettre l'édition et la réédition des brochures énumérées ci-dessous :

Brochures éditées	Exemplaires
« L'Evolution du Capital », de Deville	2.000
« La Loi sur les Loyers », de Luquet	5.000
« De Versailles à Washington », de V. Auriol	5.000
Rapports au XXVIe Congrès	4.500

Les brochures rééditées sont :

Le Programme d'Action du Parti	4.000
« Cette Misère des Souliers », de Wells	2.000
« Double réponse à MM. De Mun et Deschanel », de Jules Guesde	3.000
Le Programme Municipal du Parti	10.000
« Pour devenir Socialiste », de Dispan de Floran	3.000
« La Loi des Salaires et ses conséquences », de Jules Guesde	5.000
« Collectivisme et Révolution », de Jules Guesde.	5.000
« Le Problème et la Solution », de Jules Guesde	3.000
« Le Collectivisme au Collège de France », de Jules Guesde	3.000
« Discours à la Jeunesse », de Jean Jaurès	4.000
« Pour être Socialiste », de Léon Blum	5.000
« Pour les Jeunes », de Bouyer et de Louis Lévy	3.000

La comparaison des bilans 1928 et 1929 accuse, pour ce dernier exercice, une diminution très sensible du bénéfice réalisé.

Ce fait provient de plusieurs causes. La première est la nécessité où nous fûmes d'augmenter d'une unité le personnel.

La seconde, fut l'augmentation de salaires de ce personnel en vertu de la montée continuelle du coût de la vie. La troisième s'explique par les frais d'agrandissement et d'aménagement des magasins ; de ce chef, 3.696 francs et l'édition en brochure du catalogue de la Librairie, soit : 1.545 fr. 50.

Le quatrième est motivée par une augmentation du stock en magasin.

Enfin, cinquièmement, parce que malgré la montée de nos frais généraux nous faisons effort pour vendre des brochures à bon marché.

Comme vous pourrez le constater, la situation financière de ce service est bonne. Il ne tient qu'aux membres du Parti qu'elle s'améliore encore. C'est leur devoir de devenir les clients de la Librairie Populaire, comme c'est le devoir de nos journaux quotidiens, hebdomadaires et mensuels de lui faire de la publicité. Malheureusement, une demi-douzaine de ces derniers seulement lui ouvrent leurs colonnes.

Comme tous les ans, vous trouverez plus loin les tableaux et graphiques sur la marche de notre organisation.

Au tableau des forces fédérales vous constaterez, pour 1929, un gain de 313 Sections sur 1928; un gain de 503 Mandants sur 1928; un gain de 36 Délégués sur 1928.

Le tableau de classement indique :

1 Fédération de plus de 41 mandats.
4 Fédérations ayant dépassé 1.000 adhérents.
1 Fédération ayant dépassé 500 adhérents.

Au sujet du tableau et du graphique sur le recrutement nos amis du Nord avaient attiré mon attention sur l'exactitude contestable des chiffres produits.

L'observation de nos camarades est fondée, l'ayant faite moi-même avant la publication de ces premiers documents. Cependant, elle n'a pas de valeur au point de vue d'ensemble parce que tous les ans il reste dans les tiroirs des Trésoriers fédéraux et de Sections à peu près le même chiffre d'invendus, ce qui fait que le graphique représente bien exactement le mouvement qui se produit dans le Parti. Le livre des commandes indique d'ailleurs que le chiffre de feuilles cotisations est très faible. De plus, tous les ans, en janvier, je refuse des fournitures.

Toutes nos Fédérations devraient étudier ce tableau avec soin et en établir un semblable pour bien connaître leur vie propre et rechercher les raisons qui font qu'en général nous constatons une perte de deux tiers sur le recrutement, c'est-à-dire que pour augmenter nos effectifs d'une unité stable il nous faut faire trois adhésions.

Il serait utile et nécessaire de rechercher les motifs de cette perte d'efforts afin d'en diminuer l'importance.

Je crois, pour ma part, que les Sections devraient faire seconder leurs Trésoriers par des collecteurs, car l'adhérent se laisse souvent radier lorsque son retard de cotisations est trop élevé.

Le tableau et le graphique de prises annuelles de cartes et de timbres indique que la baisse du pourcentage constatée en 1928 tend de disparaître et que 1930 verra certainement celui-ci dépasser neuf et peut-être neuf et demi, comme en 1927.

J'ai indiqué, cette année, dans les graphiques de prises mensuelles de cartes et de timbres les courbes des années 1920, avant la scission, et 1921, au lendemain de celle-ci.

Vous constaterez le chemin parcouru depuis cette époque, et j'ose espérer que 1930 nous rapprochera encore des chiffres de 1920.

Le Trésorier Général : J.-P. GRANDVALLET.

COMPTE ADMINISTRATIF DU SECRÉTARIAT DU GROUPE SOCIALISTE AU PARLEMENT POUR L'EXERCICE 1929

RECETTES

Cotisations des Elus	Fr.	41.190 »
Divers		127 80
Feuilles d'information		960 50
Locquin		160 »
Subvention des Municipalités Socialistes		5.000 »
Contribution du Parti :		
Par citoyenne Bouyer		225 »
Par Trésorerie		31.297 10
Total	Fr.	78.960 40

DEPENSES

Frais Bureau	Fr.	2.659 70
Personnel		62.375 »
Assurances Sociales		540 »
Matériel		3.200 »
Frais d'envois		1.255 70
Frais divers		665 »
Frais Perception		1.410 05
Frais de Propagande		2.709 05
Couronnes		513 »
Total	Fr.	75.327 50
Au 31 décembre 1929 :		
Avoir à Caisse Secrétariat Groupe pour l'Exercice 1930		3.632 90
Balance	Fr.	78.960 40

COMPTES ADMINISTRATIFS

Budget

RECETTES

A. — *Ordinaires :*

32.964 Cartes Permanentes		1.272.877 20
119.519 Feuilles Cotisations		
106.003 Règlements		
1.064.121 Timbres		

B. — *Extraordinaires :*

Intérêts Fonds placés	30.315 73	
Fonds Mattéotti	3.981 50	
Recettes diverses	432 »	
Remboursement matériel	19.468 65	
Impression Congrès National	6.500 »	
		60.697 88
Totaux .....Fr.		1.333.575 08

S | DE L'EXERCICE 1929

t | Administratif

DÉPENSES

A. — *Administratives :*

Personnel ....Fr.	98.407 50	
Frais de siège	32.614 80	
— de bureau	3.375 75	
— de correspondance	3.100 45	
— d'envois	6.719 54	
— divers d'administration	467 55	
— d'archives	1.235 55	
Achat matériel................	612 20	
Assurances accidents	700 »	
Impression C. et T...........	28.466 55	
Populaire mensuel	239.960 35	
Assurances Sociales	6.320 »	
Fonds de retraite	7.000 »	
Maison du Parti..............	336.000 »	
		764.980 24

B. — *Congrès :*

Délégations internationales ..	10.591 80	
Cotisations — ..	82.408 45	
Organisation Congrès National	21.864 75	
Voyage des délégués aux Congrès Nationaux	17.203 55	
Voyage des délégués aux Conseils Nationaux	29.101 50	
Organisation Conseils Nation.	2.727 75	
Délégations C. A. P...........	3.278 55	
— Com. des Conf...	1.048 »	
Impression du Congr. Nation.	»	
		168.224 35
C. — *Fonds Mattéoti*		4.940 »
Total ....Fr.		938.144 59

Budget de

RECETTES

C. — *Ordinaires :*

Cotisations des Parlementaires :

Députés .... Fr.	274.850 »	
Sénateurs	36.500 »	
Cotisat. Conseillers Municipaux	2.440 »	
Cotisat. Conseillers Généraux.	1.300 »	
Municipalités Socialistes (subventions pr Secrétaire Groupe Parlementaire	5.000 »	
		320.090 »

D. — *Extraordinaires :*

Souscriptions élus à Maison..	48.890 »	
Secrétariat du Groupe Parlem.	1.248 30	
Timbres de propagande	10.758 »	
Remboursement de prêts	4.209 80	
Remboursement Librairie	1.620 »	
		66.726 10
Total .... Fr.		386.816 10
Recettes administratives		1.333.575 08
Recettes totales		1.720.391 18
Excédent de dépenses		100.533 »
Pour Balance ....Fr.		1.820.924 18

DE L'EXERCICE 1929

Propagande

DÉPENSES

D. — *Ordinaires :*

Délégués permanents....... Fr.	75.600 »	
Frais voyage, séjour	59.909 55	
Don brochures	9.575 95	
Assurances accidents	728 65	
Assurances sociales	3.600 »	
Retraite personnel	9.333 34	
Subvention Fédérale sportive ..	1.500 »	
Subvention au Comité National mixte	7.460 50	
Subvention Fédérale Nationale des Etudiants	1.000 »	
Subvention Jeunesses Socialistes de la Seine	1.000 »	
Secrét. Génér. Parlement.......	78.960 40	
Frais, Edition et Librairie	15.278 50	
Ecole Socialiste	500 »	
		264.446 89

E. — *Extraordinaires :*

Avance à *Populaire*.............	11.606 10	
Subv. *Populaire* quotidien	531.501 50	
Organisation des Manisfestations	1.094 10	
Subv. élector. à Fédération....	22.000 »	
Souscriptions Elus Maison Parti	48.560 »	
Prêts à Fédérations	3.571 »	
		618.332 70
Total .... Fr.		882.779 59
Dépenses Administ.		938.144 59
Dépenses Totales .... fr.		1.820.924 18

BILAN AU 31 DÉCEMBRE 1929

ACTIF

Avoir disponible :		
En caisse	26.295 86	
C. c. N° 190	36.413 43	
— N° 7.083	45.135 17	
— N° 259 33	29 753 25	152.836 71
A *Populaire* p^r 1930	11.606 10	
En caisse Sec. Gr. Parl.	3.632 90	
Avoir par créances :		
Dû par élus parlement.	43.355 »	
— c. munic.	320 »	
— c. génér.	390 »	47.500 »
Dû par anc. députés.	3.435 »	
Dû par Féd. de l'Aube.	3.800 55	
— la Somme.	1.777 15	
— l'Yonne	521 »	11.005 55
Dû par Féd. sur cotis.	4.906 85	
Avoir divers :		
Obligations *Humanité*	325 »	
Matériel	40.000 »	
Bibliothèque	6.500 »	752.984 80
Librairie	134.459 80	
Populaire et Maison	571.700 »	
TOTAL		964.327 06

PASSIF

Compte liquidation	108.225 15
Dû aux Fédérations sur 1929	1.800 30
Dû à compte cotisations 1930	59.385 15
Dû à souscription Maison du Parti	230 »
Dû pour impression Congrès Nancy	6.340 »
Dû à *Populaire* sur Maison	200.000 »
Populaire solde débiteur	301.547 35
	677.527 95
Solde créditeur	286.799 11
TOTAL	964.327 06

LIBRAIRIE POPULAIRE -- BILAN AU 31 DÉCEMBRE 1929

ACTIF		PASSIF	
Matériel (après amortissement) Fr.	4.395 »	Parti Socialiste ....Fr.	94.353 25
Installation	3.696 05	Créditeurs divers	2.520 75
Débiteurs divers (clients)..........	8.435 15	Pertes et Profits :	
Fournisseurs	1.229 80	Antérieures	36.055 40
Caisse	6.332 45	En 1929	1.530 40
Marchandises (inventaire)	110.371 35		
Total ....Fr.	134.459 80	Total ....Fr.	134.459 80

DÉTAIL DU COMPTE PERTES ET PROFITS

DEBIT		CREDIT	
Frais généraux :		Ventes nettes ....Fr.	49.491 05
Loyer ....Fr.	7.232 05	Recettes exceptionnelles :	
Appointements	34.698 50	Intérêts, Caisse d'Epargne..........	227 10
Téléphone	1.402 75		
Taxe sur affaires	1.915 90		
Patente	848 80		
Amortissement Mobilier	297 70		
Assurances Sociales	1.620 »		
Divers	172 05		
	48.187 75		
Bénéfices en 1929	1.530 40		
Total ....Fr.	49.718 15	Total ....Fr.	49.718 15

Tableau comparatif des Cartes et Timbres 1928-1929

FÉDÉRATIONS	Feuilles Cotisations annuelles	Timbres	Feuilles Cotisations annuelles	Timbres
	Au 31 Décembre 1928		Au 31 Décembre 1929	
Ain	581	3.711	361	3.100
Aisne	1.225	8.418	1.200	9.800
Algérie	401	2.918	335	2 425
Allier	1.150	7.300	1.200	11.300
Alpes-Maritimes	365	3.000	406	1.800
Ardennes	963	9.025	990	9.000
Ariège	340	3 996	410	4.200
Aube	735	5.125	600	5.068
Aude	1.900	15.225	2.680	21.540
Ardèche	580	5.248	770	7.270
Aveyron	516	4.769	550	5.320
Bouches-du-Rhône	5.966	71.592	4.980	59.280
Basses-Alpes	250	1.200	350	1.200
Basses-Pyrénées	390	2.550	350	3.331
Bas-Rhin (Strasb.)	2.850	19.176	2.900	22.500
Calvados	350	3.050	332	3.108
Cantal	435	2.900	320	2.360
Charente	555	3.949	720	5 140
Charente-Inférieure	932	9.536	837	7.785
Cher	238	2.098	265	2.270
Constantine	280	4.172	390	2.540
Corrèze	450	1.200	591	4.263
Corse	100	1.545	147	1.202
Côte-d'Or	1.140	8.805	1.355	12.000
Côtes-du-Nord	401	3.600	455	3.500
Creuse	1.100	9.730	1.125	9.750
Dordogne	770	5 000	780	5.850
Doubs	654	4.150	739	5.850
Drôme	1.312	11.100	1.700	13.800
Deux-Sèvres	610	5.059	580	4.600
Eure	571	4.525	641	4.740
Eure-et-Loir	414	1.900	785	4.925
Finistère	1.405	13.000	1.110	10.905
Gard	2.050	20.500	2.000	21 000
Gers	808	8.800	1.030	11.025
Gironde	4.500	32.750	5.750	43.100
Guadeloupe	10	120	10	120
Haute-Garonne	1.910	17.175	2.600	23.750
Hérault	2.626	21.958	2.940	2.932
Hautes-Alpes	355	3.947	293	2.932
Haute-Loire	10	100	230	2.700
Haute-Marne	175	1.200	155	1.400
Hautes-Pyrénées	120	1.200	217	1.200
Haut-Rhin (Belfort)	588	3.625	435	2.628
Haut-Rhin (Mulhouse)	2.200	13.274	2.550	24.000
Haute-Saône	751	4.811	790	5.425
Haute-Savoie	501	3.487	450	4.240
Haute-Vienne	2.600	21.575	7.780	23.157
Isolés	141	1.692	37	438
Ille-et-Vilaine	645	4.715	560	5.519

Tableau comparatif des Cartes et Timbres 1928-1929 (*suite*)

FÉDÉRATIONS	Feuilles Cotisations annuelles	Timbres	Feuilles Cotisations annuelles	Timbres
	Au 31 Décembre 1928		Au 31 Décembre 1929	
Indre	809	3.720	850	7.150
Indre-et-Loire	800	7.600	1.070	10.200
Isère	2.145	14 190	2.468	20.401
Jura	1.000	8.000	800	7.110
Landes	170	1.200	160	1.200
Loir-et-Cher	550	5.385	875	7.700
Loire	700	5.700	609	4.750
Loire-Inférieure	766	7.552	1.040	10.394
Loiret	350	3.352	330	3.400
Lot	705	6.466	1.040	7.430
Lot-et-Garonne	300	2.000	300	2.420
Lozère	307	3 460	285	3.240
Madagascar	»	»	109	1.308
Martinique	350	1.053	400	1.200
Maine-et-Loire	240	2 277	260	2.050
Manche	127	1.407	272	1.901
Marne	1.857	15 200	1.735	13.200
Maroc	316	2.940	533	6 937
Meurthe-et-Moselle	342	1.650	505	4.050
Meuse	170	600	210	1.200
Moselle	255	1.990	410	3 200
Morbihan	450	3.975	460	4 600
Mayenne	85	875	171	1.490
Nièvre	980	7.100	1.145	8.854
Nord	12.000	100.000	13.485	185.500
Oise	1.220	8.500	1.170	8.500
Oran	300	2.000	600	4.000
Orne	385	3.040	322	2.180
Pas-de-Calais	4.380	33.005	4.300	36.000
Puy-de-Dôme	2.450	23.500	3.000	20.000
Pyrénées-Orientales	637	5.810	1.123	10.805
Rhône	2 775	24.000	2 825	27.700
Saône-et-Loire	2.900	25 025	3.255	31.920
Sarthe	870	5.415	985	7.374
Savoie	400	4.050	350	3.700
Seine	6.320	52.000	6.700	64.070
Seine-et-Marne	995	6.700	1.115	8.200
Seine-et-Oise	2.250	20.000	2.477	21.025
Seine-Inférieure	730	5.100	800	7.500
Somme	895	7.000	1.025	9.300
Tarn	1.527	17.124	1.650	17.630
Tar-et-Garonne	915	5.200	991	7.685
Tunisie	300	3.400	300	3.200
Tonkin	»	»	87	1.044
Var	1.448	17.096	1.388	16 201
Vaucluse	885	5.800	780	5.575
Vendée	410	3.850	360	3.700
Vienne	320	2.250	290	2.201
Vosges	500	3.200	410	3.550
Yonne	267	2.790	268	2.624

REPRÉSENTATION DES FORCES FÉDÉRALES FIN 1929

FÉDERATIONS	Nombre de Sections	Nombre de Mandats	Nombre de Délégués au Congrès
Ain	25	11	2
Aisne	45	33	3
Alger	12	9	2
Allier	40	38	4
Basses-Alpes	37	5	2
Hautes-Alpes	14	10	2
Alpes-Maritimes	14	7	2
Ardèche	33	25	3
Ardennes	32	31	3
Ariège	25	15	2
Aube	25	18	2
Aude	91	73	6
Aveyron	22	18	2
Bouches-du-Rhône	66	199	14
Calvados	12	11	2
Cantal	15	9	2
Charente	22	18	2
Charente-Inférieure	28	27	3
Cher	13	8	2
Constantine	10	9	2
Corrèze	28	15	2
Corse	10	5	2
Côte-d'Or	56	41	4
Côtes-du-Nord	20	12	2
Creuse	59	33	3
Dordogne	34	20	2
Doubs	23	20	2
Drôme	55	47	4
Eure	27	17	2
Eure-et-Loir	30	17	2
Finistère	96	37	4
Gard	94	71	6
Haute-Garonne	84	80	6
Gers	71	37	4
Gironde	105	144	11
Hérault	117	80	6
Ille-et-Vilaine	19	20	2
Indre	22	25	3
Indre-et-Loire	30	35	3
Isère	111	69	6
Jura	26	24	3
La Guadeloupe	5	»	»
Landes	13	5	2
Loir-et-Cher	17	26	3
Loire	23	17	2
Haute-Loire	6	10	2
Loire-Inférieure	15	35	3
Loiret	8	12	2
Lot	43	25	2
Lot-et-Garonne	21	9	2
Lozère	18	11	2
A reporter	1.867	1.573	161

REPRÉSENTATION DES FORCES FÉDÉRALES FIN 1929

FÉDÉRATIONS	Nombre de Sections	Nombre de Mandats	Nombre de Délégués au Congrès
Report	1.867	1.573	161
Madagascar	1	»	»
Maine-et-Loire	7	8	2
Manche	13	7	2
Marne	64	45	4
Haute-Marne	14	5	2
Maroc	8	22	3
Martinique	10	5	2
Mayenne	6	6	2
Meurthe-et-Moselle	22	14	2
Meuse	10	5	2
Morbihan	18	16	2
Moselle	9	11	2
Nièvre	34	30	3
Nord	248	452	31
Oise	37	29	3
Oran	10	14	2
Orne	13	8	2
Pas-de-Calais	113	121	9
Puy-de-Dôme	87	67	6
Basses-Pyrénées	11	12	2
Hautes-Pyrénées	10	5	2
Pyrénées-Orientales	18	37	4
Bas-Rhin	34	76	6
Haut-Rhin (Belfort)	24	9	2
Haut-Rhin (Mulhouse)	39	81	6
Rhône	69	94	7
Haute-Saône	36	19	2
Saône-et-Loire	119	107	8
Sarthe	43	25	3
Savoie	41	13	2
Haute-Savoie	23	15	2
Seine	97	214	15
Seine-Inférieure	25	26	3
Seine-et-Marne	85	28	3
Seine-et-Oise	107	71	6
Deux-Sèvres	23	16	2
Somme	39	32	3
Tarn	52	59	5
Tarn-et-Garonne	29	26	3
Tonkin	5	5	2
Tunisie	6	11	2
Var	66	55	5
Vaucluse	28	19	2
Vendée	17	13	2
Vienne	10	8	2
Haute-Vienne	119	78	6
Vosges	21	13	2
Yonne	15	10	2
TOTAL	3.802	3.615	353

Tableau de classement en 1928

Représentées par plus de 41 mandats	Ayant plus de 1.000 adhérents	Ayant de 500 à 999 adhérents
1. Nord.	1, Nord.	32. Loire-Infér.
2. Bouches-du-R.	2. Bouches-du-R.	33. Allier.
3. Seine.	3. Seine.	34. Nièvre.
4. Pas-de-Calais.	4. Pas-de-Calais.	35. Somme.
5. Gironde.	5. Gironde.	36. Seine-et-M.
6. Saône-et-Loire	6. Saône-et-Loire	37. Lot.
7. Rhône.	7. Rhône.	38. Pyr.-Orient.
8. Puy-de-Dôme.	8. Puy-de-Dôme.	39. Vaucluse.
9. Hérault.	9. Hérault.	40. Loire.
10. Haute-Vienne.	10. Hte-Vienne.	41. Sarthe.
11. Gard.	11. Gard.	42. Loir-et-Cher.
12. Seine-et-Oise.	12. Seine-et-Oise.	43. Ardèche.
13. B.-Rhin-Stras.	13. B.-Rhin-Stras.	44. Tarn-et-Gar.
14. Hte-Garonne.	14. Hte-Garonne.	45. Aube.
15. Tarn.	15. Tarn.	46. Seine-Inf.
16. Var.	16. Var.	47. Deux-Sèvres.
17. Aude.	17. Aude.	48. Dordogne.
18. Marne.	18. Marne.	49. Hte-Saône.
19. Isère.	19. Isère.	50. Aveyron.
20. Ht-Rhin-Mulh.	20. Ht-Rhin-Mul.	51. Ille-et-Vilaine
21. Finistère.	21. Finistère.	52. Eure.
	22. Drôme.	53. Doubs.
	23. Creuse	54. Indre.
	24. Char.-Infér.	55. Ht-R. Belfort.
	25. Ardennes.	56. Charente.
	26. Côte-d'Or.	57. Ain.
	27. Gers.	58. Hte-Savoie.
	28. Oise.	59. Vosges.
	29. Aisne.	
	30. Jura.	
	31. Indre-et-Loire	

Tableau de classement en 1929

Représentées par plus de 41 mandats	Ayant plus de 1.000 adhérents	Ayant de 500 à 999 adhérents
1. Nord.	1. Nord.	36. Tarn-et-Gar.
2. Seine.	2. Seine.	37. Ardennes.
3. Bouches-du-R.	3. Gironde.	38. Sarthe.
4. Gironde.	4. Bouches-du-R.	39. Loir-et-Cher.
5. Pas-de-Calais.	5. Pas-de-Calais.	40. Indre.
6. Saône-et-Loire	6. Saône-et-Loire	41. Char.-Infér.
7. Rhône.	7. Puy-de-Dôme.	42. Seine-Infér.
8. Ht-Rhin-Mul.	8. Hérault.	43. Jura.
9. Hte-Garonne.	9. Bas-Rhin.	44. Haute-Saône.
10. Hérault.	10. Rhône.	45. Eure-et-Loir.
11. Hte-Vienne.	11. Hte-Vienne.	46. Dordogne.
12. B.-Rhin-Stras.	12. Aude.	47. Vaucluse.
13. Aude.	13. Hte-Garonne.	48. Ardèche.
14. Seine-et-Oise.	14. Ht-Rhin-Mul.	49. Doubs.
15. Gard.	15. Seine-et-Oise.	50. Charente.
16. Isère.	16. Isère.	51. Eure.
17. Puy-de-Dôme	17. Gard.	52. Loire.
18. Tarn.	18. Marne.	53. Aube.
19. Var.	19. Drôme.	54. Oran.
20. Drôme.	20. Tarn.	55. Corrèze.
21. Marne.	21. Var.	56. Deux-Sèvres.
22. Côte-d'Or.	22. Côte-d'Or.	57. Ille-et-Vilaine.
	23. Allier.	58. Aveyron.
	24. Aisne.	59. Maroc.
	25. Oise.	60. Meurt.-et-Mos
	26. Nièvre.	
	27. Creuse.	
	28. Pyr.Orient.	
	29. Seine-et-M.	
	30. Finistère.	
	31. Indre-et-Loire	
	32. Loire-Infér.	
	33. Lot.	
	34. Gers.	
	35. Somme.	

Tableau du Recrutement Fédéral

FÉDÉRATIONS	RECRUTEMENT en 1929	RECRUTEMENT en 6 ans	ADHÉRENTS en 1923	ADHÉRENTS en 1929	GAINS en 6 ans	PERTES en 6 ans
Ain	70	817	375	361	»	831
Aisne	250	1.759	446	1.200	754	1.005
Algérie	136	846	200	335	135	711
Allier	250	1.850	800	1.200	400	1.450
Alpes-Maritimes	120	650	35	406	371	279
Ardennes	238	1.418	736	990	254	1.164
Ariège	190	886	30	410	380	506
Aube	80	970	350	600	250	720
Aude	900	3.966	705	2.680	1.975	1.991
Ardèche	373	1.568	20	740	720	848
Aveyron	50	739	250	550	300	439
Bouches-du-Rhône	1.170	8.960	2.620	4.980	2.360	6.600
Basses-Alpes	80	1.230	9	350	341	889
Basses-Pyrénées	100	774	36	350	314	460
Bas-Rhin (Strasbourg)	200	4.300	1.500	2.900	1.400	2.900
Calvados	46	659	65	332	267	392
Cantal	80	735	50	320	270	465
Charente	350	1.314	100	730	630	684
Charente-Inférieure	236	1.577	405	837	432	1.145
Cher	50	250	200	265	65	185
Constantine	150	975	»	390	390	585
Corrèze	350	1.180	100	591	491	689
Corse	108	579	1	147	146	433
Côte-d'Or	450	2.205	145	1.355	1.210	995
Côtes-du-Nord	75	950	300	355	55	895
Creuse	225	2.075	400	1.125	725	1.350
Dordogne	190	1 400	150	780	630	770
Doubs	330	1.128	100	739	639	489
Drôme	700	2.201	210	1.700	1.490	711
Deux-Sèvres	160	995	175	580	405	590
Eure	150	1.103	140	641	501	602
Eure-et-Loir	210	442	115	785	670	»
Finistère	170	3 120	1.600	1.110	»	3.610
Gard	400	3.093	800	2.000	1.200	1.893
Gers	300	1.565	100	1.030	930	635
Gironde	2.250	9.350	1 500	5.750	4.250	5.100
Guadeloupe	10	10	»	10	10	»
Haute-Garonne	950	4.405	582	2.600	2.068	2.337
Hérault	844	5.484	1.756	2.940	1 184	4.300
Hautes-Alpes	70	670	100	293	193	477
Haute-Loire	190	218	»	230	230	»
Haute-Marne	80	456	»	155	155	301
Hautes-Pyrénées	100	400	20	217	197	203
Haut-Rhin (Belfort)	89	1.260	»	435	435	825
Haut-Rhin (Mulhouse)	817	4 017	1.500	2.550	1.050	2.967
Haute-Saône	100	1.733	434	790	356	1.377
Haute-Savoie	170	1.058	100	450	350	708
Haute-Vienne	700	4.655	2.000	2.780	780	3.875
Ille-et-Vilaine	40	950	250	560	310	640
Indre	250	1.200	150	850	700	500

Tableau du Recrutement Fédéral *(suite)*

FÉDÉRATIONS	RECRUTEMENT		ADHÉRENTS		GAINS	PERTES
	en 1929	en 6 ans	en 1923	en 1929	en 6 ans	en 6 ans
Indre-et-Loire	313	1.377	415	1.070	655	722
Isère	675	3.469	1.162	2.468	1.306	2.163
Jura	500	1.990	»	800	800	1.190
Landes	140	507	»	160	160	347
Loir-et-Cher	410	1.304	200	875	675	629
Loire	100	1 254	139	609	470	784
Loire-Inférieure	290	1.459	530	1.040	510	949
Loiret	120	516	92	330	238	278
Lot	480	1.158	156	1.040	884	274
Lot-et-Garonne	154	717	119	300	181	536
Lozère	40	726	»	285	285	441
Madagascar	100	100	»	100	100	»
Maroc	220	986	»	533	533	453
Martinique	300	2.500	»	400	400	2.100
Maine-et-Loire	90	465	315	260	»	520
Manche	124	225	50	272	222	3
Marne	330	2.832	380	1.755	1.375	1.457
Meurthe-et-Moselle	316	1.221	50	505	455	766
Meuse	80	423	25	210	185	238
Moselle (Metz)	150	556	20	410	390	166
Morbihan	40	870	120	460	340	530
Mayenne	120	238	»	171	171	67
Nièvre	301	1.388	266	1.145	879	509
Nord	3.600	15.800	8.000	13.485	5.485	10.315
Oise	300	2.050	700	1 170	470	1.580
Oran	300	900	»	600	600	300
Orne	55	520	200	322	122	398
Pas-de-Calais	400	6.052	4.250	4.300	50	6.002
Puy-de-Dôme	1.000	4.745	1.355	3.000	1.645	3.100
Pyrénées-Orientales	670	1.718	120	1.123	1.003	715
Rhône	550	4.435	1.154	2.825	1.671	2.764
Saône-et-Loire	800	5.997	928	3.255	2.327	3.670
Sarthe	300	756	300	985	685	71
Savoie	50	1.200	»	350	350	850
Seine	1.613	9.209	2.605	6.700	4.095	5.114
Seine-et-Marne	300	2.100	645	1.115	470	1.630
Seine-et-Oise	760	3.780	835	2.477	1.642	2.138
Seine-Inférieure	200	1.195	410	800	390	805
Somme	325	2.728	430	1.025	595	2.133
Tarn	450	2 346	652	1.650	998	1.348
Tarn-et-Garonne	300	1.494	100	991	891	603
Tunisie	50	500	50	300	250	250
Tonkin (Gr. Is.)	42	97	»	97	97	»
Vaucluse	170	1.325	200	780	580	745
Vendée	72	604	144	360	216	388
Vienne	90	395	230	290	60	335
Vosges	90	1.291	470	410	»	1.351
Var	320	2.786	1.020	1.388	368	2.418
Yonne	94	694	»	268	268	426
Isolés	163	163	»	247	247	»

Prise annuelle de Cartes et Timbres

ANNÉES	NOMBRE		TIMBRES pris pour	
	de Cartes	de Timbres	100 Cartes	Une Carte
1905	34.688	90.910	262	2.62
1906	40.000	334.076	835	8.35
1907	52.913	337.428	637	6.37
1908	56.963	439.156	770	7.70
1909	57 977	452.572	780	7.80
1910	69.085	534.986	774	7.74
1911	69.578	553.065	795	7.95
1912	72.692	581.191	799	7.99
1913	75.192	626.511	833	8.33
1914	93.218	576.184	618	6 18
1915	25.393	146.779	578	5.78
1916	25.879	194.577	751	7.51
1917	28.224	222.298	787	7.87
1918	15.827	145.490	919	9.19
1919	133.277	891.076	668	6.68
1920	179.787	1.417.168	788	7.88
1921	50.449	372.694	738	7.38
1922	49.174	374.805	762	7.62
1923	50.496	402 373	796	7.96
1924	72.659	605.147	832	8.32
1925	111.276	924.098	830	8 30
1926	111 368	1.018.578	914	9.14
1927	98.034	934.446	953	9.53
1928	109.892	915.339	832	8.32
1929	119 519	1.064.121	890	8.90

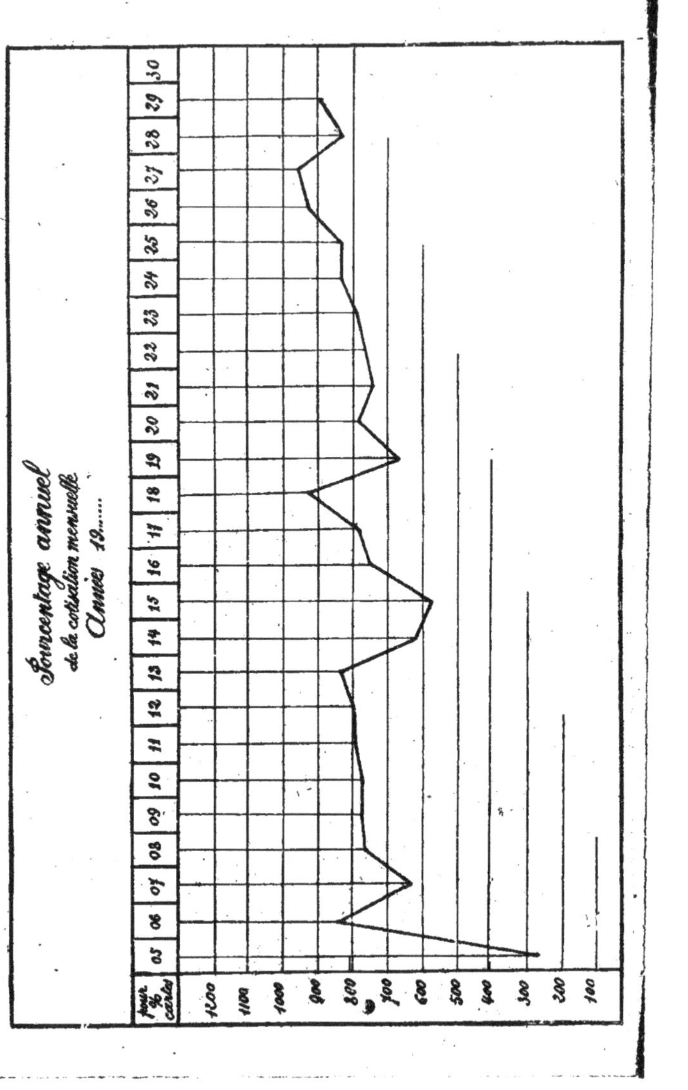
Pourcentage annuel
de la cotisation mensuelle
Année 19......
pour % cartes
1200
1100
1000
900
800
700
600
500
400
300
200
100
05 06 07 08 09 10 11 12 13 14 15 16 17 18 19 20 21 22 23 24 25 26 27 28 29 30

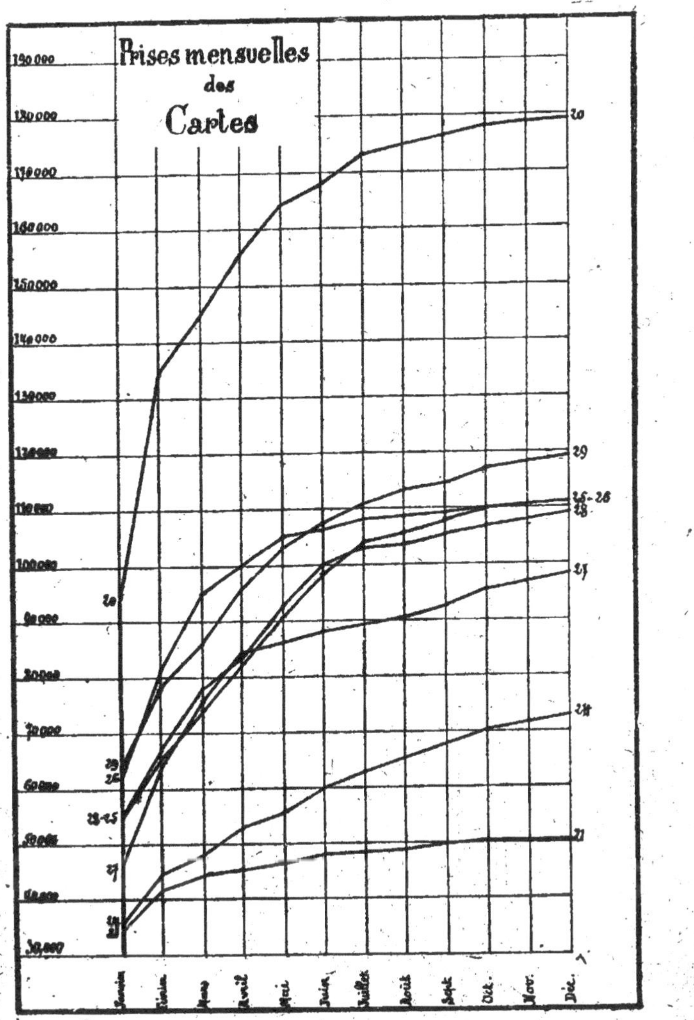
Prises mensuelles
des
Cartes
190 000
180 000
170 000
160 000
150 000
140 000
130 000
120 000
110 000
100 000
90 000
80 000
70 000
60 000
50 000
40 000
30 000
Janvier
Février
Mars
Avril
Mai
Juin
Juillet
Aout
Sept
Oct.
Nov.
Déc.
20
29
27
24
21

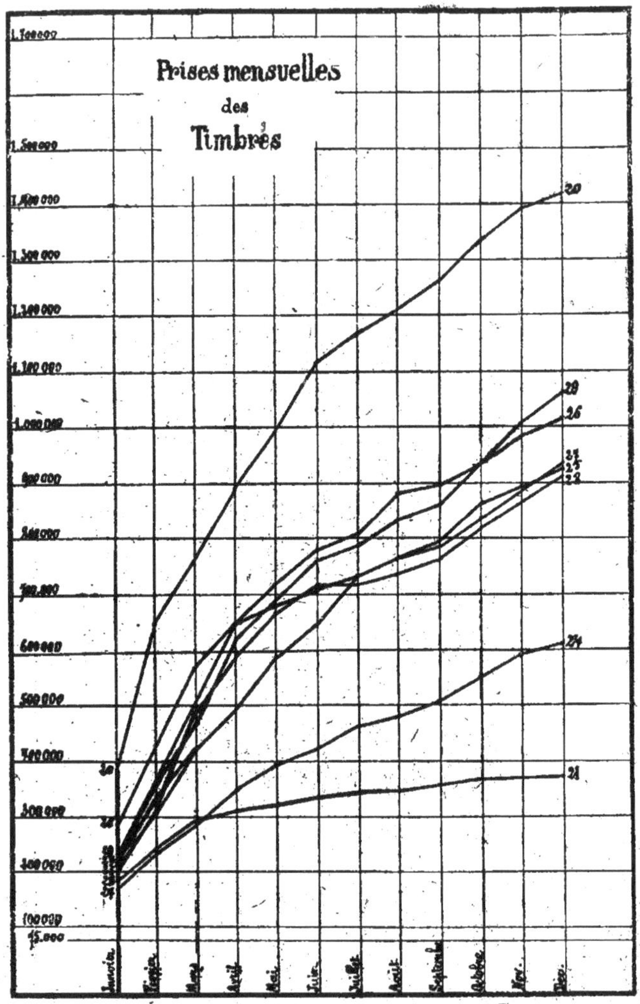

Prises mensuelles des Timbres

1.700 000
1.500 000
1.400 000
1.300 000
1.200 000
1.100 000
1.000 000
900 000
800 000
700 000
600 000
500 000
400 000
300 000
200 000
100 000
15.000

Janvier. Février. Mars. Avril. Mai. Juin. Juillet. Août. Septembre. Octobre. Nov. Déc.

20 29 26 27 23 22 24 21

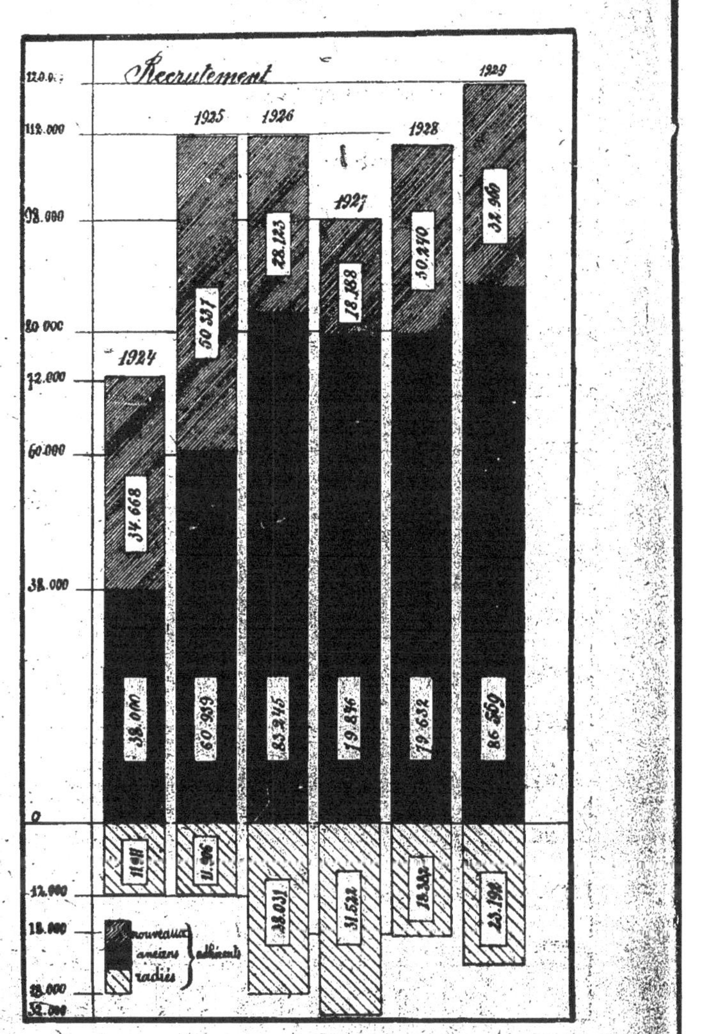
Recrutement
1924
1925
1926
1927
1928
1929
34.668
28.123
18.188
50.240
37.960
38.000
60.939
83.245
79.846
79.632
38.031
31.522
23.198
nouveaux
anciens
radiés
adhérents

TAUX DES COTISATIONS

ANNÉES	Carte ou F. Cotis. annuelle	Timbres	Cotisation annuelle	Sénateurs et Députés mensuelle	Cotisation annuelle	Conseiller municipal mensuelle	Cotisation annuelle	Conseillers généraux mensuelle	Cotisation annuelle	C. P. ou d'adhésion
1905.	0.25	0.03	0.61	10	120	10	120	—	—	—
1906.	—	0.05	0.85	—	—	—	—	—	—	—
1907.	—	—	—	100	1.200	—	—	—	—	—
1921.	0.50	0.15	2.30	—	—	—	—	—	—	—
1922.	—	0.25	3.50	—	—	—	—	—	—	—
1923.	—	—	—	—	—	—	—	—	—	—
1925.	1.50	0.40	5.30	—	—	—	—	—	—	0.50
1927.	3 »	0.50	9 »	200	2.400	20	240	15	180	0.60
1928.	1.50	1 »	13.50	230	2.760	—	—	—	—	0.75
1930.	—	—	—	250	3.000	—	—	—	—	—

NOTA. — **La C. P. ou carte d'adhésion est délivrée au prix de revient.**

Isolé : Carte complète 24 francs.

Pour les Fédérations des Bas et Haut-Rhin : F. C. 0. fr. 50, timbre 0 fr. 85. Les parlementaires sont exonérés de la cotisation au centre.

50 francs de la cotisation des parlementaires sont destinés au fonctionnement du Secrétariat du Groupe Socialiste au Parlement.

0 fr. 50 par timbre sont destinés au *Populaire* quotidien.

Tableau des Élus

Nous publions tous les ans le tableau des élus par Fédération.

Notre intention était de donner cette année un tableau très exact, d'après les résultats des élections municipales de 1929. Dans ce but, un questionnaire fut adressé à toutes les Fédérations. Mais au moment de remettre la copie de nos rapports à l'imprimeur, quelques réponses seulement nous étaient parvenues.

Nous devons donc renoncer à notre projet, car la documentation que nous donnerions à nos adhérents serait incomplète.

Nous allons cependant insister auprès des Fédérations retardataires et après le Congrès de Bordeaux, nous publierons, dans le *Populaire* mensuel (page du Parti), un tableau détaillé de tous les élus socialistes.

A côté du nombre actuel des élus, dans chaque Fédération, nous rappellerons les chiffres antérieurs et nos camarades pourront, de la sorte, se faire une idée très exacte des progrès réalisés par notre Parti.

Rapport de la Commission de Contrôle

Au cours de l'exercice 1929-1930, la Commission de Contrôle du Parti a vérifié, mois par mois, les opérations de la Trésorerie.

Elle a constaté la régularité des écritures. Les pièces comptables et les livres concordant, elle vous propose d'approuver le rapport du Trésorier.

Elle croit devoir indiquer, avec satisfaction, l'augmentation sensible du nombre d'adhérents (cartes et timbres), qui montre notre Parti en progression constante. Les nouveaux succès électoraux témoignent d'ailleurs que ces progrès ont leur répercussion dans la masse des citoyens qui, de plus en plus nombreux, accordent crédit et confiance à nos doctrines et à nos militants.

Une fois de plus, nous sommes obligés de réserver un paragraphe de ce rapport aux élus.

Constatant que de trop nombreux élus continuaient à ne pas satisfaire à leurs obligations, nous avons demandé au Trésorier de vouloir bien inviter ces camarades à se mettre en régle. Cela a été fait à deux reprises avant la fin de 1929.

La situation demeurant inchangée, par lettre du 23 décembre 1929, nous avons demandé au Secrétaire du Parti de vouloir bien : 1° solliciter lui-même les camarades en retard ; 2° informer les Secrétaires fédéraux. Nous indiquions, en outre, que l'application de l'article 45 des Statuts serait sollicitée si des engagements n'étaient pas pris au double point de vue de la cotisation et du versement spécial pour la Maison.

Nous devons dire que la situation ne s'est pas améliorée depuis que nous avons adressé ce rappel.

Les délégués au Congrès devront indiquer s'ils pensent devoir faire appliquer à tous la règle commune.

Pour la Commission,

Le Secrétaire : R. NANTILLÉ.

Rapport de la Commission Nationale

DES CONFLITS

Depuis la publication du rapport, rédigé pour le Congrès de Nancy, la Commission Nationale des Conflits a tenu douze séances. Elle a solutionné vingt-trois affaires, intéressant les dix-huit Fédérations suivantes : Lot, Seine, Charente, Deux-Sèvres et Loir-et-Cher, Alpes-Maritimes, Nièvre, Ardèche, Haute-Garonne, Somme, Tarn, Rhône, Cher, Seine-et-Oise, Vaucluse, Pas-de-Calais, Gironde, Loire.

Des peines prononcées par les Commissions Fédérales des Conflits, six ont été annulés, sept ont été amoindries, cinq ont été maintenues, une a été aggravée (le citoyen dont les actes étaient incriminés, ayant lui-même aggravé considérablement son cas, au cours de l'instruction de l'affaire).

Au total : trois blâmes, quatre suspensions à temps, sept exclusions ont été maintenus ou prononcés et quatre affaires ont été classées, c'est-à-dire qu'il n'y a pas eu de jugement (de ces affaires, les unes n'étant pas, statutairement, de la compétence de la C.N.C., les autres ayant été retirées par l'appelant).

Quelques affaires sont encore en suspens, les dossiers étant incomplets. Elles intéressent les Fédérations suivantes : Marne, Seine, Hautes-Pyrénées et Gironde, Ardèche, Pas-de-Calais, Finistère, Rhône, Bouches-du-Rhône, Madagascar, Alger.

A l'occasion de ce rapport, permettez-nous, camarades, de manifester la peine immense que nous éprouvons, en voyant, trop souvent, des camarades se traduire les uns les autres devant le « tribunal suprême » du Parti, pour des raisons dont la gravité n'est pas telle, qu'un plus grand esprit de tolérance réciproque et de bonne confraternité n'eût pu aplanir immédiatement, au sein même de la Fédération, les difficultés, les froissements nés, parfois, de susceptibilités un peu excessives ou d'inimitiés personnelles.

En tous cas, nous attirons l'attention de tous sur la « Méthode de Travail » que nous avons publiée dans le *Populaire* du 7 mars dernier, à la rubrique : « La Vie du Parti ». L'intérêt du Parti, qui se confond avec l'intérêt de chacun, commande à tous d'en tenir le plus grand compte. Ultime recommandation : dans toutes les affaires, se bien pénétrer, toujours, de l'esprit et de la lettre du Règlement du Parti, comme aussi des décisions de nos Congrès Nationaux. En outre, aux Secrétaires fédéraux, spécialement, nous demandons : 1° Qu'ils fassent « recommander » la lettre qu'ils envoient aux intéressés et principalement celle destinée à « l'appelant », pour les prévenir que le dossier entre leurs mains est à la disposition des intéressés pendant quinze jours, afin que ceux-ci puissent, chez leur Secrétaire fédéral, responsable dudit dossier, en prendre connaissance ; 2° Qu'ils fassent attester, « par écrit », à ceux-ci et à ceux-là, qu'ils ont, effectivement, pris connaissance de ce dossier où, le cas échéant, qu'ils n'ont pas jugé à propos de profiter de cette faculté ; 3° Joindre au dossier, en nous le renvoyant, attestations précitées et récépissés de recommandation.

Nous avons encore un bien désagréable devoir à remplir, c'est celui qui nous oblige de signaler la coupable force d'inertie qui nous a été opposée, dans deux Fédérations, lors de la constitution des dossiers et aussi le temps considérable (plusieurs mois parfois !) pendant lequel on a, dans certains départements, gardé ces dossiers envoyés par nous, pour quinze jours seulement, aux fins de communication aux intéressés. La C.N.C. se doit à elle-même et doit, surtout au Parti, de ne pas, à l'avenir, laisser se produire, sans sanctions, de tels agissements qui retardent et nuisent considérablement, sinon à l'équité, au moins à la bonne marche des affaires, qu'elles font trainer en longueur, ce qui ne va pas toujours, sans porter un grave préjudice au Parti.

Nous demandons, dans l'intérêt général, que tous nous facilitent notre tâche, en pensant combien déjà est pénible, par elle-même, cette fonction, qui consiste à juger... des camarades.

Paris, le 9 avril 1930.

H. Bouvrain,
Secrétaire de la Commission Nationale des Conflits.

Rapport sur "LE POPULAIRE"

L'histoire d'un journal est toujours fort intéressante à lire et s'il nous était possible de décrire ici, en détail, les diverses phases de l'existence du *Populaire*, nul doute que les membres du Parti y trouveraient un certain attrait.

Ce fut après la scission de Tours, en 1921, que le *Populaire* du soir, dirigé par notre camarade Jean Longuet, fut transformé en quotidien du matin.

A cette époque — et pour des raisons que tout le monde devine — l'entreprise était grosse de difficultés.

Aussi, malgré les efforts conjugués de nos amis Blum et Paoli, le lancement de l'organe central du Parti, maintenu contre la déviation bolcheviste, ne répondit pas à nos espérances et sa vie fut d'assez courte durée, malgré l'aide pécuniaire du Parti Ouvrier Belge.

D'avril 1921 à mai 1924, la vente totale moyenne variait de 10.500 à 11.500 par jour, abonnés compris.

Aussi le 16 mai 1924, après la lecture d'un rapport fortement motivé, le Conseil d'Administration et de Direction décida, sur notre proposition, de transformer le Quotidien en un Bi-mensuel, dont le service serait fait à tous les membres du Parti, moyennant une augmentation légère de la carte et des timbres. Et cela afin de préparer le lancement d'un nouveau Quotidien pourvu d'un chiffre d'abonnés respectable et disposant d'un capital de départ assez élevé.

Pendant plus de deux ans le Bi-mensuel, qui fut le lien entre le centre et les membres du Parti, prépara, par une campagne continue et méthodique, la création et le lancement du nouvel organe.

Et le 1er novembre 1926, le Conseil National vota à l'unanimité la motion suivante :

Le Conseil National désireux d'enregistrer les résultats de la campagne menée en faveur du recrutement des abonnés du futur quotidien du Parti, décide que cet organe paraîtra au début de 1927, sous la direction de Léon Blum.

Il donne mandat au Conseil d'Administration et de Direction du *POPULAIRE* de présider à son lancement, conformément aux directives du rapport de Compère-Morel, administrateur-délégué qu'il approuve et fait sien.

Le 10 novembre, réunion du Conseil d'Administration et de Direction.

Douze mille camarades ayant déjà fait parvenir le montant de leurs cotisations ; la réserve de l'ancien *Populaire* se montant à 80.000 francs ; les souscriptions reçues étant de 70.000 francs et les promesses de versement du Groupe Parlementaire et du Parti se chiffrant à 270.000 francs, le Conseil d'Administration et de Direction décida, à l'unanimité, de faire paraître le nouveau *Populaire* en janvier 1927.

Nous passons, bien entendu, sous silence toutes les difficultés inhérentes au lancement d'un quotidien politique et d'information, ne disposant même pas, à cet effet, d'un demi-million !

Ce serait trop long et trop fastidieux.

Au début : 37.000 numéros de vente.

Neuf mois après, en septembre, nous tombons à 24.130.

C'est le désastre !

Il faut réagir avec rapidité, si nous ne voulons pas encore une fois échouer.

Les réunions du Conseil d'Administration et de Direction se succèdent, sans arrêt.

La Commission Administrative Permanente et la Commission Administrative Permanente Plénière se réunissent et examinent la situation devenue critique.

Faut-il persévérer dans la lutte ou reconnaître que le Parti étant incapable de faire vivre son journal abandonner l'idée d'un organe d'information socialiste, vivant et agissant ?

Devant la baisse de la vente, qui augmente prodigieusement le déficit, des camarades pensent qu'il serait plus prudent de cesser momentanément la publication du journal pour le faire reparaître au moment des élections.

D'autres estiment tout au contraire qu'il faut tenir, coûte que coûte, paraîtrions-nous sur deux pages simplement !

Pendant ces discussions, la situation s'aggrave.

Au Conseil d'Administration et de Direction du 7 septembre, nous faisons connaître l'état de la trésorerie : *il nous manquera plus de* 70.000 *francs pour notre fin de mois.* Quant aux échéances d'octobre, de novembre et décembre, elles se monteront à 554.400 francs et les recettes envisagées atteindront à peine 230.000 francs ! ! !

Que faire ?

Que faire ? Nous proposons d'intensifier activement la propagande autour de la souscription ouverte en faveur du journal afin de lui faire rendre le maximum.

Que faire ? Apporter du nouveau à nos lecteurs en améliorant, modifiant, transformant, développant la présentation et la rédaction du journal !

Que faire ? Demander brutalement aux membres du Parti s'ils vont laisser mourir leur journal et briser eux-mêmes, par leur apathie, la seule arme dont ils disposent !

Et nous appelons les socialistes et les sympathisants au socialisme à notre secours...

Le 15 septembre, nouvelle réunion du Conseil d'Administration et de Direction, qui a accepté à la réunion précédente les vœux émis par l'unanimité des membres de la Commission Administrative Permanente Plénière. En quelques jours, grâce aux appels désespérés lancés, les souscriptions ont afflué et le nombre des lecteurs a sensiblement augmenté ! Nous disposons de plus de 250.000 francs et la vente augmente, nous assurant ainsi des rentrées plus élevées...

En outre, le Parti vient à notre aide par une augmentation spéciale du timbre.

Le journal est sauvé.

Depuis cette date la montée de notre vente est incessante.

Montée dure, longue, pénible, c'est entendu, mais montée tout de même, puisque de 24.000 de septembre 1927, nous atteignons près de 38.000 en fin 1929.

Les graphiques que nous publions dans ce rapport donneront à nos camarades le moyen de connaître, par le détail, la vie du *Populaire*, en 1929.

Ensuite, quand ils auront pris connaissance du Compte d'Exploitation de 1929, du Compte Général, pertes et profits au 31 décembre 1929, et du Bilan du *Populaire* au 31 décembre 1929; *dont le débit était, au 1er janvier 1929, de 2.390.042 fr. 28 et au 31 décembre, de la même année*, de 301.547 fr. 35, ils penseront, avec nous, que notre journal ne cessant de s'améliorer à tout point de vue, IL SUFFIT DE NOUS AIDER MATÉRIELLEMENT ET MORALEMENT, pour que son avenir soit assuré.

Certes, la situation du *Populaire* est excellente.

Et si son Compte d'Exploitation permet les plus grandes espérances, son Bilan atteste une amélioration plus que sensible de ses finances.

Mais il ne faut pas oublier que les membres du Parti lui viennent en aide pour une somme annuelle dépassant 500.000 francs et que deux souscriptions ont été ouvertes : l'une pour son lancement, grand format; l'autre pour l'achat de la « *Maison du Parti* ».

C'est dire que des efforts continus et méthodiques doivent être poursuivis, si nous voulons que le *Populaire* occupe une place digne de notre Parti dans la presse française.

Ce n'est pas chose facile.

Nos camarades de l'étranger l'ont si bien compris, que le Parti Ouvrier Belge a voté, au cours de l'année dernière, une somme de 15 millions pour sa presse, le Parti Socialiste hollandais 20 millions et le Parti Travailliste anglais 125 millions.

Nous n'en demandons pas autant à nos adhérents !

Ce que nous voudrions, c'est qu'ils nous aident en s'efforçant de répandre leur journal autour d'eux, en utilisant nos affiches, nos tracts et nos carnets d'abonnements ?

Ce que nous voudrions, c'est qu'ils soient nos collaborateurs, aussi consciencieux que bénévoles, nous tenant au courant des faits divers marquants, dont ils sont les témoins, et nous avisant immédiatement quand des événements justifient un grand reportage.

Un journal de Parti a de nombreuses servitudes et de lourdes obligations — auxquelles il ne peut pas se dérober — qui ne sont pas faites pour lui permettre de plaire à une autre clientèle que celle des militants.

Des colonnes entières sont nécessaires pour les convocations, les comptes rendus de réunions, de manifestations et de tournées de propagande.

En plus, l'action de nos élus à la Chambre nous oblige à des comptes rendus de Chambre copieux, en même temps qu'à des informations parlementaires abondantes.

Si nous ajoutons à cela que les controverses ouvertes dans le sein du Parti ont leur répercussion dans le journal, par la copie qu'elles provoquent et qu'il est de notre devoir de publier, il n'est pas téméraire d'affirmer que nous sommes quelque peu infériorisés devant une presse d'information pure, dont le seul objectif est de plaire, d'être agréable et de satisfaire ses lecteurs.

Mais il faut, néanmoins, convenir qu'un journal n'a d'action sur le pays que s'il est lu !

Et il ne peut être lu que s'il est un journal complet, se suffisant à lui-même, n'intéressant pas seulement le socialiste actif, mais les sympathisants, ainsi que tous les membres de leur famille.

Aussi, n'avons-nous pas hésité à transformer notre journal dans sa présentation, en améliorant sa rédaction, en le mettant à six pages six fois par semaine ; en publiant un feuilleton inédit, écrit par un maître de la plume et en laissant au grand reportage une place appréciable.

Mais puisqu'il nous est impossible, pour des raisons qu'il est inutile de donner ici, parce que tout le monde les connaît, d'obtenir un rendement normal en publicité — qui atteint dix fois, vingt fois le nôtre dans tout journal de tirage moyen — nous comptons sur le Parti pour nous seconder dans la lourde tâche entreprise.

Quotidiennement assaillis par des difficultés inouïes qu'il nous faut, coûte que coûte, surmonter, *si nous voulons exister*, nous sommes contraints de devenir, d'être des « hommes d'affaires » qui passent le meilleur de leur temps à mettre debout des combinaisons plus ou moins ingénieuses, dont nous ne pouvons guère attendre de miracles — vente de timbres du *Populaire*, publicité au rendement, « Voix des Nôtres », vente de photographies, etc... — afin de suppléer à ces absences de « rentrées mensuelles de publicité », QUI SONT A LA BASE DE L'EXISTENCE DE TOUS LES JOURNAUX.

Aussi, sollicitons-nous vivement l'aide et le concours de tous pour assurer le développement de notre nouveau *Populaire*, qui devient chaque jour davantage le grand quotidien socialiste d'information que nous rêvions.

Vous ne nous le refuserez pas, nous le savons.

Et, ensemble, nous continuerons l'œuvre des réalisateurs, commencée avec notre Bi-mensuel, continuée avec notre Quotidien et notre « Maison du Parti » et du *Populaire* et poursuivie avec ce *Populaire*, nouvelle formule que vous avez dans les mains depuis le 18 avril dernier

COMPÈRE-MOREL.

BILAN DU "POPULAIRE"

ACTIF

Immobilisé :	
Immeuble .... Fr.	1.161.251 25
Matériel et mobilier (1)	135.279 15
Frais d'installation (2)	45.827 60
Valeur du journal	1.000 »
Frais de constitution et d'émission (3) ..	11.048 60
Lancement, propagande (4)	177.698 54
Disponible :	
Caisse	207.098 25
Banque des Coopératives	157.293 01
Portefeuille	3.494 90
Réalisable :	
Ancien *Populaire* (5)	346.195 94
Loyer d'avance (rue Feydeau)	25.000 »
Dépôts et cautionnements (6)	23.041 »
Hachette et Cie	119.958 24
Rédacteurs	1.000 »
Annonciers (7)	32.844 30
Clients Publicité *Populaire* (8)	18.304 90
Pertes et Profits	301.547 35
Total .... Fr.	2.767.883 03

(1) Augmentation provenant de l'ameublement du *Populaire* et du Parti.

(2) Installations div. à la rue Feydeau. A amortir quand nous aurons des bénéfices.

3) Frais de constitution (de 1921) de la Nouvelle Société du *Populaire*.

(4) Affichage, papier, impression, envoi de nos services de propagande.

(5) La balance de cet actif avec les différents comptes ancien *Populaire* du Passif représente les sommes dues au *Populaire* actuel et payées à divers créanciers.

(6) Dépôts de garantie aux pendules électriques, au téléphone privé, etc.

(7) Reste dû par Clients sur Publicité Darcy.

(8) Publicité *Populaire* de décembre non réglée.

AU 31 DÉCEMBRE 1929

PASSIF

Envers lui-même :		
Capital Actions .... Fr.	530.000	»
— Obligations	59.675	»
— Ancien *Populaire*	102.025	»
Envers des tiers, non exigible :		
Actionnaires éventuels	201.800	»
Abonnés	492.871	45
Envers des tiers, exigible :		
Souscriptions remboursables	168.037	60
Souscriptions Amis Constants...........	41.994	52
Imprimeries Réunies	31.875	25
Coupons à payer (1)	48.042	41
Messageries Hachette	33.152	15
Créditeurs divers	91.590	85
Fédération des Coopératives d'Anvers....	125.000	»
Parti Ouvrier Belge	240.000	»
Créditeurs divers : Ancien *Populaire*.....	62.109	25
Société Générale : Ancien *Populaire*......	4.099	55
Parti Socialiste	535.700	»
Total .... Fr.	2.767.883	03

(1) Réserve mensuelle pour le paiement des coupons des obligations (déduction faite des paiements).

COMPTE GÉNÉRAL PERTES ET PROFITS AU 31 DÉCEMBRE 1929

DEBIT			CREDIT		
1929. — Janvier 1er			1929		
à nouveau	Fr.	2.390.042 28	par Abonnement ...... solde	Fr.	2.073.634 50
à Divers de l'année		57.868 25	Ventes	—	1.702.462 75
à Lancement propagande		526.800 »	Publicité	—	368.666 80
à Départ .... pour solde		373.523 25	Intérêts s/cpte-courant.	—	12.402 68
à Imprimerie	—	1.003.670 55	Recettes exceptionnelles	—	21.387 15
à Papier	—	1.338.711 25	Souscriptions	—	798.759 95
à Bouillons	—	463.251 20	par Parti Socialiste		2.163.376 04
à Frais retour			1° En 1929 :		
Bouillons	—	24.506 20	Pour le mensuel 239.960 35		
à Frais d'expédition.	—	303.829 55	— subventions 531.501 50		
à Frais de vente	—	40.788 90	2° Versem. antérieurs à 1929 :		
à Frais généraux	—	88.567 59	Pour mensuel et subventions 1.391.914 19		
à Rédaction	—	598.524 70			
à Administration	—	232.153 50	**Solde débiteur** ou perte à fin 1929.		301.547 35
Total	Fr.	7.442.237 22	Total	Fr.	7.442.237 22

1930. — Janvier 1er. A nouveau ....Fr. 301.547 35

COMPTE D'EXPLOITATION EN 1929

CHARGES	Janvier	Février	Mars	Avril	Mai	Juin
Administration . . Fr.	18.625 »	19.443 »	20.745 80	20.685 80	19.159 50	17.775 »
Rédaction.	50.135 45	49.043 30	48 496 55	54.140 85	50 161 70	49.001 15
Départ	31.096 45	29.171 15	31.397 90	30.724 60	30.937 95	30.924 60
Frais généraux	8.326 85	5.007 20	10.900 25	12.624 65	9.833 »	15.311 05
Papier	116.480 10	106.106 45	117.103 55	114.268 50	118.703 35	119 931 75
Imprimerie	85.597 30	77.931 60	84 286 90	83.092 25	89.224 40	84.018 30
Frais vente Paris . . .	3 348 75	3.542 95	3 558 75	3.373 95	3.371 35	3.520 45
Frais d'expédition. . .	21.930 25	21 785 10	24 828 50	24 749 55	26 550 30	27.376 65
Frais retour bouillons .	1.142 85	1.690 35	1.590 »	1.450 80	2.029 60	1.659 10
Totaux . . . . Fr.	336.683 »	313.724 10	342.908 20	345.110 95	349.971 15	349.518 05
PRODUITS						
Abonnements . . . Fr.	153.958 50	143.630 60	161.699 55	156.715 05	154.735 80	152.124 40
Publicité en marchand.	4.291 »	1.841 05	4.785 »	» »	2.550 »	5.587 20
Publicité en espèces. .	28.232 15	18 531 20	45.344 70	26.555 65	27.262 05	30.948 30
Vente en numéro . . .	43 25	5.082 75	115 »	734 50	34 35	262 85
Vente Paris	30.608 30	26.887 70	31.667 85	31 902 »	34.667 55	32.627 25
Vente bibliothèques . .	24.452 »	19.400 25	21.406 75	23 443 75	21.153 30	24.285 65
Vente messageries . .	43.403 50	39.191 60	47.767 05	46.464 05	47.928 »	51.656 75
Vente bouillons	» »	» »	6.264 10	» »	5.525 60	» »
Totaux. . . . Fr.	284 988 70	254 565 15	319.050 »	285.815 »	293 856 65	297 492 40
Pertes . . . . Fr.	**51 694 30**	**59.158 95**	**23 858 20**	**59.295 95**	**56.114 50**	**52.025 65**

CHARGES	Juillet	Août	Septembre	Octobre	Novembre	Décembre
Administration . . Fr.	20.396 »	19.100 »	21.230 »	18.337 90	18.183 50	18.472 »
Rédaction	50.860 40	49.049 35	48.173 65	53 434 65	53.772 »	40.361 85
Départ	31.903 75	31.675 60	30.541 55	31.590 15	31.065 90	32.494 65
Frais généraux	11.760 45	7.192 80	9 069 90	9.709 [illegible]	6.459 »	9 357 70
Papier	118.649 90	92.581 30	89.453 60	106.908 30	116 565 40	121.959 05
Imprimerie	96.474 70	73.648 70	70.497 70	82.507 35	84 610 10	91.748 25
Frais vente Paris . . .	3.429 25	3.302 80	3.265 70	3.500 75	3.521 35	3.456 85
Frais d'expédition . . .	27.885 05	23.932 15	22.917 15	25.792 85	28 012 60	28.069 40
Frais retour bouillons .	3.733 50	1.791 85	1.446 70	2.745 25	2 606 »	2.620 20
TOTAUX. . . . Fr.	365.093 »	302 274 55	296.595 95	334.526 50	344.795 85	348.539 95
PRODUITS						
Abonnements . . . Fr.	162.313 50	159.977 30	156.262 20	154.400 55	156.126 55	158.737 »
Publicité en marchand.	3.823 »	750 »	1.893 90	15.457 05	1.573 60	4.186 50
Publicité en espèces. .	25.919 10	11.429 70	27.828 65	23.605 60	25.634 70	23.634 90
Vente au numéro . . .	135 90	59 25	19 55	188 35	1.643 20	259 45
Vente Paris	30.224 70	26.313 75	26.130 35	34.830 45	34.483 75	34.058 50
Vente bibliothèques . .	12.850 55	17.446 80	22.536 80	22 420 45	22.253 70	25.064 15
Vente messageries. . .	49.750 35	52.060 25	48 344 20	50.336 »	51.884 25	50.400 45
Vente bouillons	» »	» »	» »	9.129 90	» »	» »
TOTAUX. . . . Fr.	285.017 10	268.037 05	283.015 65	310.368 35	293.599 75	296.340 95
Pertes . . . . Fr.	**80.075 90**	**34.237 50**	**13.580 30**	**24.158 15**	**51.196 10**	**52.199 »**

Soit Perte annuelle de . . . . 557.594 fr. 50

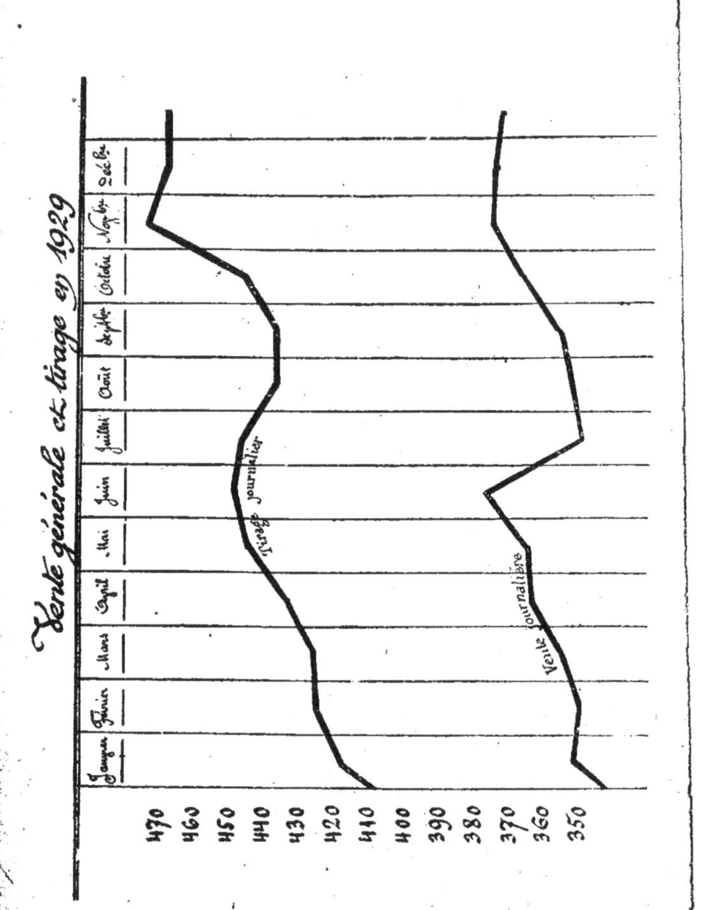
Vente générale et tirage en 1929
Janvier
Février
Mars
Avril
Mai
Juin
Juillet
Août
Septembre
Octobre
Novembre
Décembre
470
460
450
440
430
420
410
400
390
380
370
360
350
Tirage journalier
Vente journalière

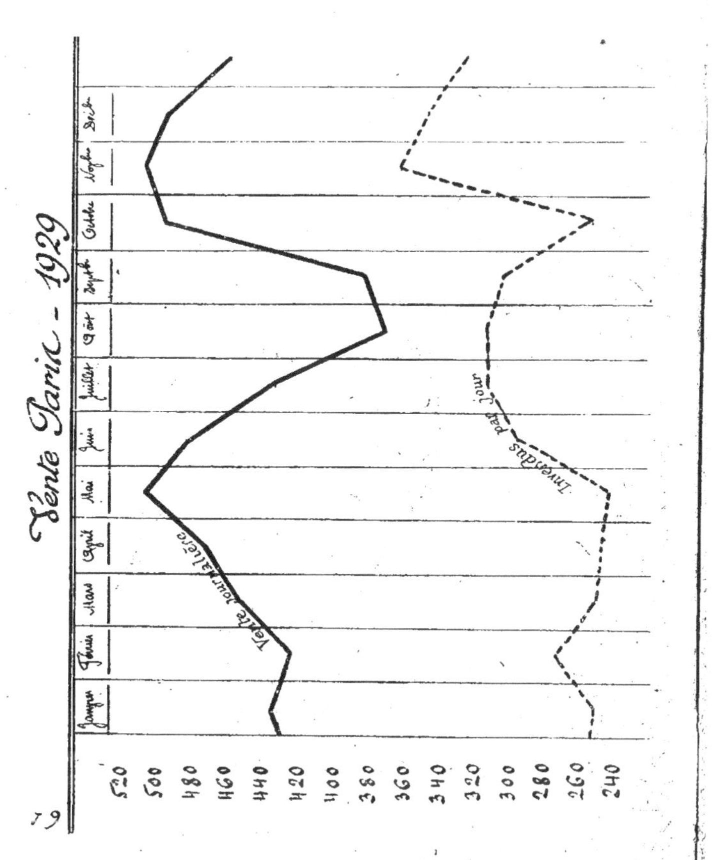
Vente Paris - 1929
Vente journalière
Invendus par jour
520
500
480
460
440
420
400
380
360
340
320
300
280
260
240

Frais Rédaction - 1929

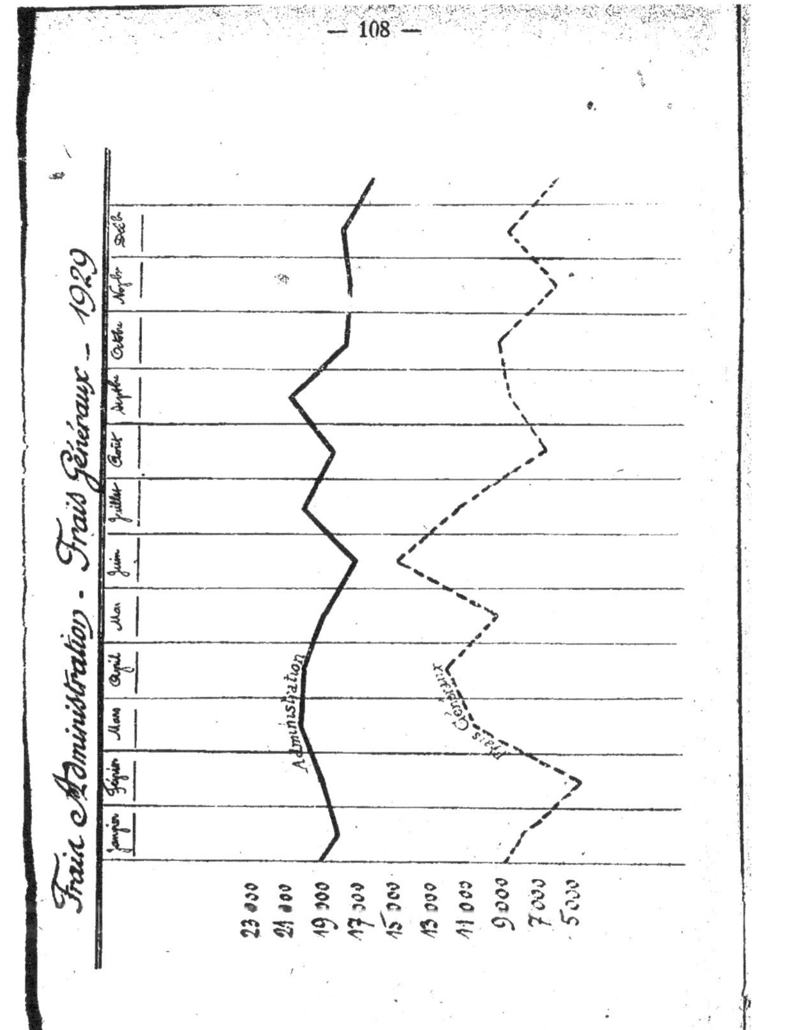
Frais Administration - Frais Généraux - 1929
Janvier
Février
Mars
Avril
Mai
Juin
Juillet
Août
Administration
Frais Généraux
23 000
21 000
19 000
17 000
15 000
13 000
11 000
9 000
7 000
5 000

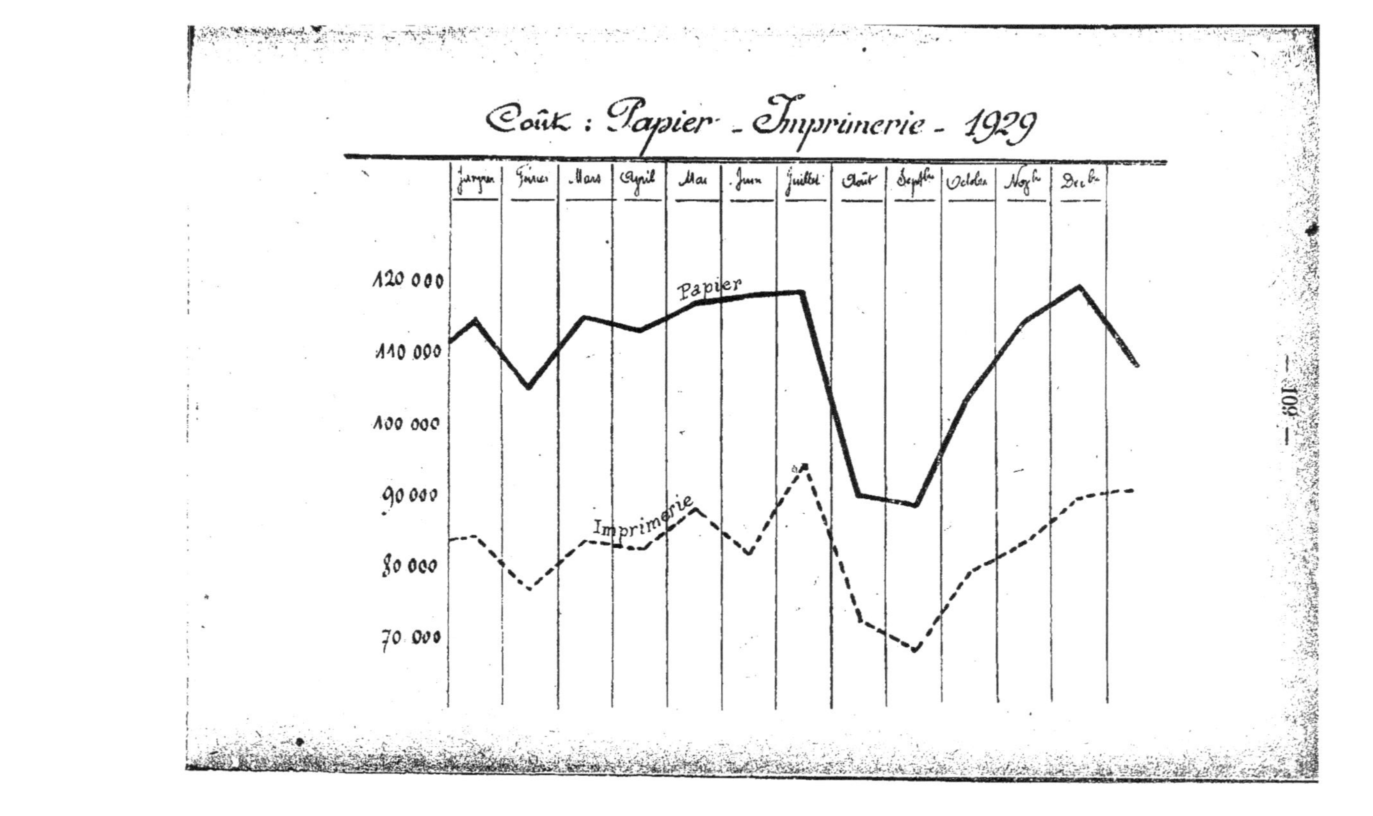
Coût : Papier - Imprimerie - 1929
Janvier
Février
Mars
Avril
Mai
Juin
Juillet
Août
Septbre
Octobre
Novbre
Décbre
120 000
110 000
100 000
90 000
80 000
70 000
Papier
Imprimerie

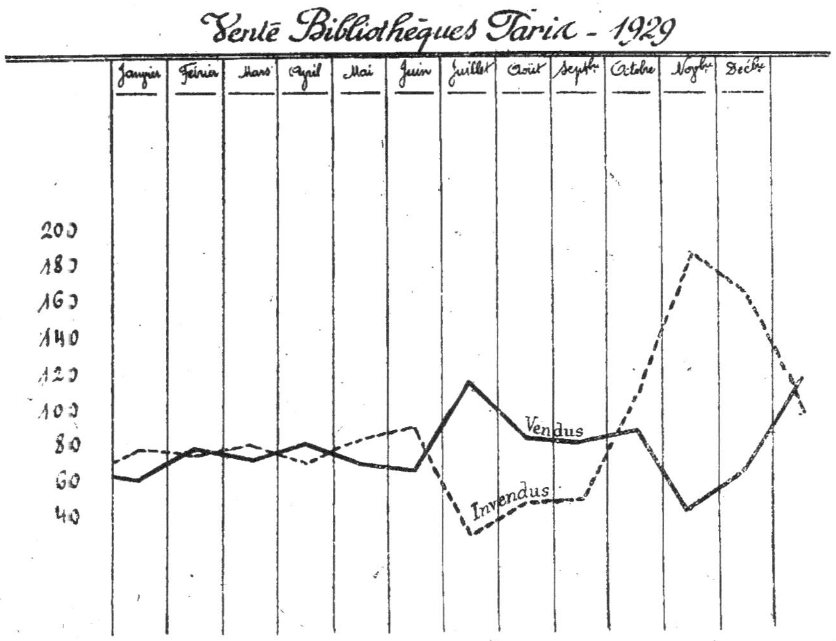

Vente Bibliothèques Paris - 1929

Janvier
Février
Mars
Avril
Mai
Juin
Juillet
Août
Septbre
Octobre
Novbre
Décbre

200
180
160
140
120
100
80
60
40

Vendus
Invendus

Vente Bibliothèques - Hors Paris - 1929

340
320
300
280
260
240
220
200
180
160
140
120
100
80
60
40
20

Janvier
Février
Mars
Avril
Mai
Juin
Juillet
Août
Septbre
Octobre
Novbre
Décbre

Vendus
Invendus

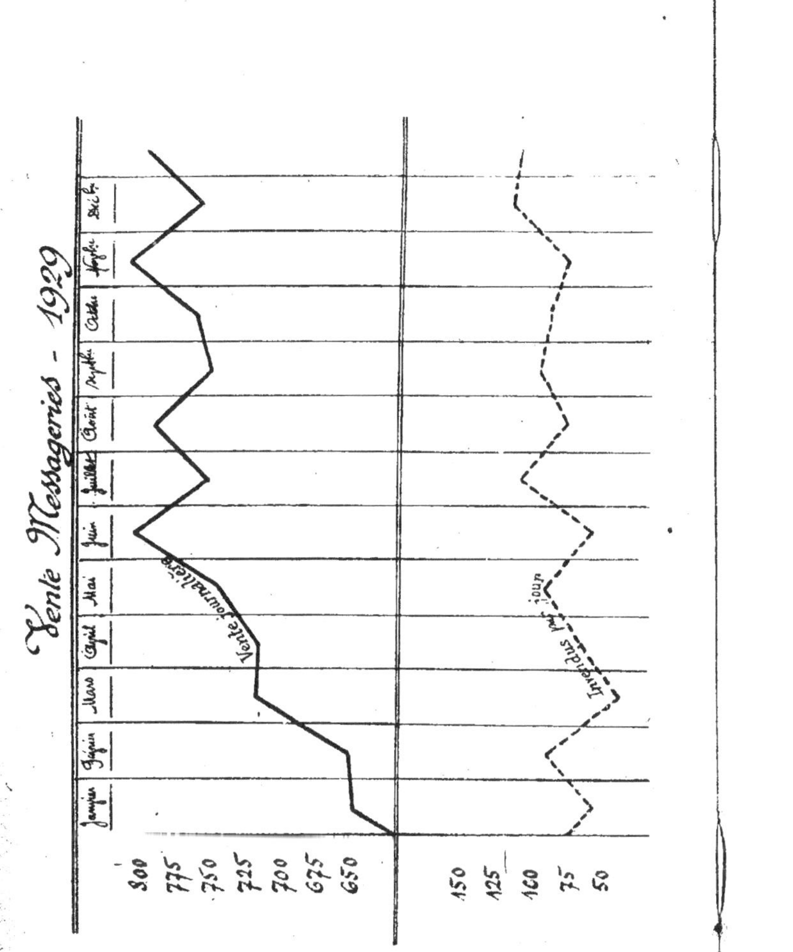
Vente Messageries - 1929
Janvier
Février
Mars
Avril
Mai
Juin
Juillet
Août
Octobre
Vente journalière
Invendus par jour
800
775
750
725
700
675
650
150
125
100
75
50

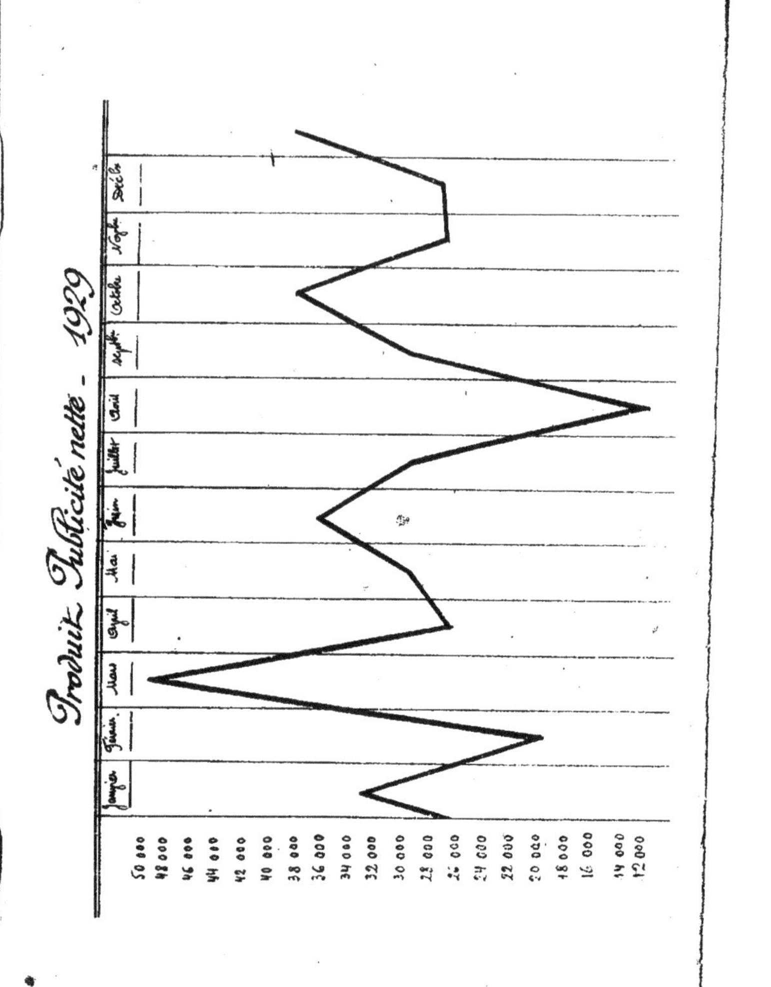
Produit Publicité nette - 1929
Janvier
Février
Mars
Avril
Mai
Juin
Juillet
Août
Sept.
Octobre
Novembre
Décembre
50 000
48 000
46 000
44 000
42 000
40 000
38 000
36 000
34 000
32 000
30 000
28 000
24 000
22 000
20 000
18 000
16 000
14 000
12 000

La Maison du Parti et du "POPULAIRE"

A peine la Direction et la Rédaction du *Populaire* étairnt-elles transférées au 12 de la rue Feydeau, aux côtés de l'Administration et du Secrétariat du Parti, que le développement de l'organe central de la S. F. I. O. nous obligeait à rechercher des locaux plus vastes, plus commodes, plus hygiéniques.

Ce n'était pas chose facile !

Tantôt les prix de location étaient trop élevés, tantôt les immeubles susceptibles de loger notre personnel administratif et rédactionnel se trouvaient trop éloignés du Centre.

Après des mois et des mois de démarches, de visites et de correspondances, le 3 octobre 1928, nous avisions enfin les membres du Conseil d'Administration et de Direction, qu'ayant trouvé un Hôtel, non pas à louer, mais à acheter, nous les saisirions de cette affaire quand les pourparlers entrepris nous permettraient de les renseigner.

Le 25 du même mois, nous exposions au Conseil d'Administration et de Direction du *Populaire* — puis quelques jours après à la Commission Administrative du Parti — le détail de notre projet et ces deux Assemblées nous déléguait à l'effet de faire l'acquisition de l'Hôtel style Renaissance italien, sis à Paris, 9, rue Victor-Massé, moyennant le prix de 700.000 francs, sur lesquels 200.000 francs seraient versés comptant et le surplus payable dans le délai de cinq ans, à raison de 100.000 francs par an (avec intérêt à 9 %).

En outre, le Conseil d'Administration et de Direction du *Populaire* nous confiait les pouvoirs de faire effectuer les travaux d'aménagement, de transformation, d'ameublement, etc..., etc., que nécessiterait cet achat dont il nous félicitait.

Nous primes possession de l'Hôtel à la mi-janvier 1929 et quelques mois après, le 23 mars de la même année, les Services Centraux du Parti, la Direction, la Rédaction et l'Administration du *Populaire* occupaient l'Hôtel complètement transformé.

Pour le paiement, un Appel fut adressé au Parti et une souscription ouverte dans les colonnes du *Populaire*.

Et le 4 février 1930, nous avions l'agréable plaisir d'annoncer au Conseil d'Administration et de Direction du *Populaire* qu'ayant complètement soldé notre acquisition, nous en étions les propriétaires effectifs et réels.

Non seulement les premiers 200.000 francs prévus par le contrat, ainsi que les 244.265 francs de frais inhérents à l'achat, avaient été remis à notre notaire lors de la prise de possession, mais au lieu de mettre cinq ans pour solder les autres 500.000 francs (avec intérêt annuel de 9 %), ainsi que l'acte de vente nous y autorisait, nous les avions intégralement versés au cours de l'année 1929 (1), en même temps que le montant des travaux dont les comptes avaient été préalablement soumis aux Commissaires aux Comptes de la Société nouvelle du *Populaire*, et dont voici l'énumération :

Frais d'Achat, d'Aménagement et d'Ameublement de l'immeuble

RECAPITULATION

Achat et frais .... Fr.		944.265 »
Architecte		13.681 »
Maçonnerie		25.380 95
Menuiserie		37.220 »
Installation électrique		13.410 »
Couverture, plomberie		23.909 »
Peinture 20.093 + 19.058		39.151 »
Serrurerie		12.719 40
Chauffage central		30.880 »
Terrazolith		1.060 50
Parquets		1.583 »
Enseignes diverses		585 »
Enseigne lumineuse		25.000 »
Pendules électriques		2.557 95
Téléphone		25.848 45
Prix de l'immeuble .... Fr.		1.197.251 25
Ameublement	64.700 »	
Ameublement payé par le Parti.....	18.812 30	
		83.512 30
Dépôts divers remboursables en fin de contrat.		22.961 »
Total .... Fr.		1.303.724 55

Les Commissaires aux Comptes :
COURMONT, LERICHE, NANTILLE.

Ainsi, le Parti et le *Populaire* possèdent désormais leur Maison : objectif que nous poursuivions depuis toujours.

Cela prouve combien notre Parti pourrait dans le

(1) **Prenant 200.000** francs sur notre trésorerie que le Parti nous remboursera en 1930 et 1931.

domaine des réalisations matérielles, faire aussi grand que nos camarades étrangers.

Il lui suffirait de vouloir.

S'il habituait ses militants à la pensée qu'une organisation comme la nôtre doit s'entraîner à mettre debout des œuvres vivantes, dont l'existence permet d'intensifier notre action et d'accroître notre puissance d'attraction et de rayonnement, le résultat ne se ferait pas longtemps attendre.

A une condition, c'est qu'il fasse un large crédit aux hommes en qui il a mis sa confiance, en les plaçant aux principaux postes d'initiative et de direction les plus qualifiés.

Le Parti est libre de son choix.

Personne n'a le pouvoir de s'imposer à lui.

Mais quand il a choisi ceux qu'il croit les meilleurs et leur a assigné la tâche à accomplir, il se doit à lui-même de ne pas entraver leurs efforts et leur activité par d'énervantes et puériles critiques, souvent faites de défiance imméritée.

Il doit laisser le soin du contrôle aux organismes appropriés nommés à cet effet et composés de compétences indiscutées.

C'est dans une atmosphère de confiance collective, par l'action concertée — mais utilement dirigée — des forces morales et matérielles, dont le Socialisme est si riche, que les grandes choses peuvent être réalisées.

Nous avons commencé.

Que les jeunes puisent des forces dans notre exemple pour continuer.

COMPÈRE-MOREL.

Rapport des Commissaires aux Comptes

DU " POPULAIRE "

Le 21 octobre 1929, l'Assemblée Générale de la Société Nouvelle du journal quotidien du matin *Le Populaire* de Paris (Société anonyme au capital de 530.000 francs, dont le Siège social est à Paris, 9, rue Victor-Massé), nous ayant nommés, mes camarades Leriche, Nantillé et moi, Commissaires aux Comptes, nous nous sommes réunis chaque mois pour examiner les comptes d'exploitation et les opérations financières du journal.

Notre première réunion a été consacrée à la Maison du Parti et du *Populaire*. Ayant eu en mains toutes les pièces comptables concernant les dépenses d'achat, de transformation et d'ameublement, nous avons passé plusieurs soirées à les vérifier. C'est à la suite de cette vérification que nous avons approuvé les chiffres contenus dans le rapport de Compère-Morel, chiffres extraits de la comptabilité du journal, tenue parfaitement bien par notre camarade Roussel, sous la responsabilité de l'Administrateur Délégué.

Les Comptes d'Exploitation, Pertes et Profits, et le Bilan du *Populaire* de 1929 ont été examinés ensuite.

Ainsi que nous l'avons demandé, des simplifications d'écriture ont été apportées pour rendre ces documents clairs et, par là, plus compréhensibles à l'ensemble des membres du Parti.

Nous avons constaté, là aussi, une excellente méthode dans le travail de comptabilité, méthode qui permet un contrôle facile et rapide.

Ce que nous souhaitons pour 1930, c'est que le Bilan soit allégé de certains postes inutiles, comme celui des *Amis du Populaire*, par exemple, dont la répétition, chaque année, n'a plus sa raison d'être, les opérations financières s'y rattachant étant complètement terminées.

Pour les Commissaires aux Comptes,

H. COURMONT.

Rapport des Délégués à l'I. O. S.

Depuis le Congrès de Nancy, le Comité Exécutif de l'Internationale s'est réuni une seule fois en séance plénière, à la Maison du Peuple de Zurich, les 27, 28 et 29 juillet.

La plupart des principales Sections de l'Internationale étaient représentées par leurs délégués habituels.

Je représentais, avec Bracke, la France.

Les délégués habituels du Parti du Travail anglais. entrés au pouvoir, étaient remplacés : Henderson par Gillies, et Kramp par Jenkins.

En outre, notre camarade Hillquit, délégué du Parti Socialiste des Etats-Unis était présent et, sur l'invitation du Comité Exécutif, le camarade Yang Kantao représentait le Parti Socialiste démocrate Chinois, en raison de la mise à l'ordre du jour du conflit Russo-Chinois.

Ce problème donna lieu à un intéressant débat, auquel participèrent, en dehors du camarade chinois déjà nommé, nos camarades Abramowitsch, Soukhomline, pour la Russie, Otto Bauer, Brockway, pour l'I.L.P., Maurice Hillquit et le Secrétaire de l'I.O.S., Fr. Adler.

Une double préoccupation se manifesta au cours de ce débat.

D'une part, la volonté de l'Internationale de revendiquer aussi bien en face du Gouvernement des Soviets que de tout autre, le droit du peuple chinois, à sa pleine souveraineté et, d'autre part, sa volonté de ne pas se prêter en quoi que se soit à des complots poursuivis avec l'aide de russes blancs contre la sécurité de l'U.R.S.

Enfin, par dessus tout, la protestation contre « cette pensée intolérable » que quinze ans après le début de la guerre mondiale, des chocs guerriers puissent se produire par le heurt de la révolution russe et de la révolution chinoise.

La résolution que le Comité Exécutif vota à l'unanimité et que l'on a pu lire à l'époque dans notre presse, traduit avec force ces sentiments.

Elle s'élève, en outre, contre les coups de force accomplis contre les organisations syndicales ouvrières en Mandchourie, même si le Gouvernement soviétique s'était servi de ces organisations comme moyens de sa politique nationale.

La résolution fixant la position de l'Internationale en face du conflit russo-chinois, rédigée par notre camarade Otto Bauer, et légèrement amendée, en séance plénière du Comité, traduisait avec une force et une netteté remarquables, le point de vue constant du Socialisme international.

Le Comité Exécutif fut ensuite appelé à examiner l'action poursuivie pour le désarmement par l'Internationale.

Il vota également, à l'unanimité, une résolution rappelant à propos du plan Young et des problèmes connexes que, dès 1922, à Francfort, les socialistes allemands, anglais, belges et français avaient formulé les solutions vers lesquelles, sous la pression des événements et de l'opinion, les Gouvernements avaient été contraints de s'orienter :

1° Le règlement définitif des réparations, en liaison avec le problème des dettes;

2° Le retrait des garnisons étrangères sur le Rhin;

3° Le désarmement maritime, terrestre et aérien.

L'Exécutif se prononçait à nouveau avec force pour l'évacuation de la Rhénanie sans nouveaux délais, pour la liquidation du régime d'exception dont souffre la Sarre et dont l'abolition s'impose dans les délais les plus brefs.

Enfin, le Comité Exécutif fut unanime à penser que c'était le devoir impérieux des socialistes de tous les pays d'appuyer les initiatives courageuses et fécondes du Gouvernement Travailliste Anglais et il ajoutait : « Dans son effort contre la guerre et la pacification de l'Europe et du monde, le Gouvernement des travailleurs d'Angleterre aura avec lui toutes les forces organisées de l'Internationale ».

Cette résolution fut votée à la suite d'un débat auquel prirent part notamment Vandervelde, Gillies, Bracke, Otto Bauer et Crispien.

Saisi par un certain nombre de délégués, de l'agitation poursuivie en Hongrie, pour la revision du traité de Trianon et de certaines critiques, élevées notamment par le député socialiste roumain Pistiner, contre la tactique de nos camarades socialistes hongrois, l'Exécutif se trouva finalement unanime pour affirmer sa solidarité avec la classe ouvrière hongroise, dans sa lutte contre un régime réactionnaire, qui est un danger pour la paix de l'Europe et l'ordre républicain des Etats voisins (Autriche, Tchécoslovaquie).

Il déclara, d'autres part, que si le peuple hongrois avait le même droit que tout autre peuple à l'aide de l'Internationale, dans sa revendication en faveur du droit à disposer de lui-même, ce n'est qu'une Hongrie démocratique et pacifique qui pourrait obtenir un tel secours de l'Internationale.

Au cours du débat, notre camarade Gillies fut amené à mettre au point des communiqués mensongers de journaux gouvernementaux hongrois se targuant, dans leur campagne nationaliste, de l'appui du Parti Travailliste anglais et prétendant même que lui, Gillies, devait venir prochainement à Budapest, avec un certain nombre d'élus du Labour Party.

Cette histoire, déclara notre camarade, a été inventée de toutes pièces.

Le Comité Exécutif discuta très longuement les problèmes d'Orient et notamment en ce qui concerne les Balkans, l'Europe Centrale et Orientale.

Notre camarade Soukup (Tchécoslovaquie), Abramowitsch (Russie), Wiik (Finlande), Fedenko (Ukraine), Gvarjaladzé (Géorgie), aussi bien que nos amis Vandervelde, Otto Bauer, Modigliani, Brockway et Adler, prirent part au débat et une Commission fut nommée, composée d'Otto Bauer ,de De Brouckère, Soukup et Adler, auxquels sera adjoint le délégué du Labour Party, pour apporter à la prochaine réunion de l'Internationale, un rapport sur cette question.

Vandervelde rendit compte de la mission que l'Internationale lui avait confiée, en vue de l'établissement de l'Unité Socialiste en Argentine.

Son rapport souleva quelques objections du représentant du Parti Socialiste argentin, le camarade Delom, qui s'abstint dans le vote de la résolution, acceptée à l'unanimité moins sa voix, et par laquelle l'Exécutif « faisait un chaleureux appel aux socialistes argentins pour assurer par un effort de conciliation mutuelle, le rétablissement de leur unité ».

Cependant, en même temps, la résolution ajournait la demande d'affiliation qui lui avait été adressée par les « Socialistes Indépendants d'Argentine ».

Le Comité fut assez longuement occupé par les divisions intestines qui se sont produites à l'intérieur de l'une des organisations de Russie adhérente à l'Internationale : « Le Parti Socialiste Révolutionnaire », où deux groupes se trouvaient en présence; l'un ayant à sa tête Tchernow, et l'autre représenté par Soukhomline.

Le Comité décida de nommer une Commission de trois membres, chargée d'aplanir le différend existant entre les deux fractions.

L'Exécutif fut unanime à accepter la proposition, qu'avec Bracke, nous lui avons soumise au nom de la S.F.I.O., tendant, en somme, à étendre à la sphère internationale, la règle qui existe depuis longtemps à l'intérieur de notre Parti et selon laquelle tout élu ou militant invité à prendre part, à l'étranger, à des manifestations quelles qu'elles soient, qui pourraient avoir un caractère politique, s'assure tout d'abord auprès du Secrétaire des partis affiliés à l'I. O. S. du pays où il se rend, qu'il agira avec leur assentiment.

Un débat s'engagea à propos d'un Congrès en faveur du mouvement sionniste ouvrier que projette la Ligue de la Palestine Ouvrière et qui soulva quelques réserves, notamment du Secrétaire, Adler, auquel répondit Jarblum (Palestine).

Après quelques observations de Hillquit (Etats-Unis) Diamand (Pologne) et Vandervelde, il fut entendu que le débat serait ajourné et qu'en attendant, rien ne serait fait qui engage l'avenir.

Notre camarade Adler fit enfin un rapport fort intéressant sur les voies et moyens pour assurer l'adhésion à l'Internationale, d'un certain nombre de partis ouvriers européens hors d'Europe, qui y ont leur place naturelle et qui sont cependant restés jusqu'ici en dehors de son sein.

Il indiqua que les Conférences du B. I. T., à Genève, offraient une occasion particulièrement intéressante d'entrer en rapport avec les représentants des partis prolétariens du monde entier.

Le problème se complique de la difficulté qu'il y a pour les partis ouvriers encore faibles des pays lointains d'assurer l'envoi de délégués aux réunions de l'Internationale. On envisage la création d'un fonds permettant d'assurer la représentation de ces partis.

A l'unanimité, le Comité Exécutif, après avoir remercié de son dévouement et de son assiduité Henderson, auquel son entrée dans le Gouvernement travailliste ne permet pas de continuer à assurer la présidence de l'Exécutif, élit à sa place Emile Vandervelde.

Enfin, Crispien développa son rapport, au nom de la Commission d'Enquête sur la situation des prisonniers politiques.

Celle-ci publiera une série de brochures. La première, rédigée par notre camarade Abramowitsch, décrit en termes particulièrement émouvants, le martyrologe des socialistes et représentants des autres partis ouvriers non staliniens en Russie, du fait du Gouvernement bolchevick.

Je suis chargé par la Commission d'en écrire la préface Cette brochure a déjà été publiée et répandue à des milliers d'exemplaires dans son édition allemande, par nos camarades du Parti Social-démocrate d'Allemagne et d'Autriche. Il est à souhaiter que l'édition française en soit publiée au plus tôt, d'accord avec nos camarades du P. O. B. Elle constitue une excellente arme pour notre propagande contre les bolchevicks.

D'autres brochures doivent paraître sur les cruautés et les infamies contre nos camarades d'autres pays par le régime fasciste et par divers autres Gouvernements similaires.

La réunion exécutive avait donné lieu à une très belle démonstration dans la grande Salle des Fêtes de la nouvelle Maison du Peuple de Zurich, le 29 juillet au soir.

J'avais été invité à y prendre la parole pour le Socialisme français, à côté de nos camarades Otto Bauer, Hillquit, Crispien, Wibaut, Brockway, Andersen et la citoyenne Adelheid Popp (au nom de l'Internationale des Femmes socialistes).

Cette magnifique démonstration permit d'établir, une fois de plus, que la classe ouvrière de la plus grande cité industrielle de la Suisse était en pleine communion d'idées avec l'Internationale Socialiste.

Depuis, aucune autre réunion de l'Exécutif n'a eu lieu.

Une conférence, à laquelle étaient seulement convoqués les représentants du Bureau, se tint à Paris, à la Maison du Parti, les 7 et 8 mars 1930, à propos de la question du désarmement naval.

Elle aboutit au vote d'une résolution qu'on a pu lire dans le *Populaire* à l'époque.

La prochaine réunion de l'Internationale doit avoir lieu les samedi 10, dimanche 11, lundi 12 et mardi 13 mai, à Berlin.

Paris, le 25 avril 1930.

Jean LONGUET.

Rapport sur l'activité du Groupe Socialiste
AU PARLEMENT
(du 1er Avril 1929 au 31 Mars 1930)

I. — Effectifs.

Le Groupe Socialiste au Parlement compte, actuellement, 16 sénateurs et 106 députés. Le Groupe Sénatorial s'est accru d'une unité par suite de l'élection de *Laudier* (Cher), en octobre 1929. Le Groupe de la Chambre a enregistré la démission du citoyen *Goude*, transmise par la Fédération du Finistère. D'autre part, le Conseil National, dans sa dernière session, a réintégré le citoyen *Varenne*. Enfin, les récentes élections législatives partielles ont amené l'inscription de cinq nouveaux députés au Groupe : *Tonnellier* (Montdidier), *Bérenger* (Dreux), *Salette* (Sète), *Simounet* (Bergerac), *Mazaud* (Saint-Girons).

II. — Postes occupés.

a) *Bureaux des deux Assemblées.* Sénat : *Valette*, Secrétaire. Chambre : *Bouisson*, Président ; *Barthe*, Questeur ; *Blancho*, Secrétaire.

b) *Commissions* (présidences). Administration générale et départementale : *Fiancette ;* Affaires Etrangères : *Paul-Boncour ;* Mines et Force motrice : *Charles Baron ;* Boissons : *Barthe ;* Marine marchande : *Tasso ;* Comptabilité : *Payra.*

c) *Rapporteurs budgétaires :* Beaux-Arts : *Locquin ;* Enseignement technique et Ecole Centrale : *Spinasse ;* Air : *Renaudel:* Travaux Publics : *Bedouce;* Algérie : *Antonelli;* P.T.T. : *Lafont.*

d) *Rapports divers :* signalons que *Spinasse* est chargé du rapport sur le Conseil National Economique, et *Antonelli* du rapport sur les Assurances Sociales.

III. — Organisation intérieure.

a) *Délégation exécutive et Bureau.* — La Délégation exécutive a été récemment portée à seize membres. Le Groupe a désigné *Léon Blum* comme Président.

b) Rien n'a été changé aux méthodes de travail du Groupe, qui se réunit au minimum une fois par semaine, les comptes rendus sommaires, avec la liste des présents, paraissant dans le *Populaire*.

IV. — Secrétariat administratif.

Le travail du Secrétariat administratif s'est régulièrement accru depuis un an, tant en ce qui concerne les services parlementaire proprement dits que la propagande orale et écrite. La correspondance reçue et expédiée journellement a doublé. Les *Feuilles d'information* ont été remaniées et augmentées. Une série « Etudes » paraît depuis le 1er janvier, qui est pour le moment consacrée au « Socialisme et à l'Europe de demain ». La série réservée à l'action parlementaire est en cours de composition, mais sur un plan nouveau, les interventions étant groupées par sujet, aux fins d'utilisation plus commode par les Conférenciers du Parti. Enfin, depuis novembre dernier, une feuille spéciale d'environ six pages, est envoyée « *chaque semaine* » à toute la presse socialiste. Presque tous les hebdomadaires fédéraux en reproduisent abondamment les articles ou les informations, témoignant ainsi du succès de cette innovation, qui constitue comme l'embryon de la future agence de presse du Parti.

Les Fédérations ayant mis peu d'empressement à acquérir la brochure *Pour les Paysans*, éditée par le Groupe, l'expérience n'a pas été poursuivie, et le stock a été liquidé par envoi gratuit.

V. — Propagande orale.

a) *Tournée de masse* : la troisième Tournée de masse du Groupe a eu lieu, le samedi 22 et le dimanche 23 juin, dans cinq départements de l'Est (Ardennes, Marne, Haute-Marne, Meurthe-et-Moselle, Vosges). Au total : 42 élus ont pris part à 102 réunions.

b) *Election partielles* : les tournées de masse ont dû être suspendues, d'abord à cause de la crise ministérielle d'octobre et de la préparation du Congrès extraordinaire, ensuite à cause de la série d'élections partielles consécutives aux élections sénatoriales ou à la mort de plusieurs députés. De nombreux élus ont assisté les candidats et activement aidé à leur succès. Ces élections terminées, une ou plusieurs tournées seront organisées contre les « saxons », conformément à l'ordre du jour voté par le Groupe lors de la chute du Cabinet Chautemps.

VI. — ACTION GENERALE DU GROUPE

Ministère Briand.

Le 26 juillet, *Renaudel* et *Léon Blum* protestent contre la lecture brusquée du décret de clôture par Barthou, en l'absence de Poincaré, déjà malade. *Léon Blum* fait repousser le procès-verbal de la séance en signe de méfiance, et le Ministère est ainsi virtuellement renversé. Remaniement du Cabinet, par suite de la démission de Poincaré. Le 31 juillet, Briand, devenu Président du Conseil, lit la déclaration ministérielle. *Frossard* interpelle au nom du Groupe, qui vote contre le Gouvernement (325 contre 136).

Le 22 octobre, jour de la rentrée des Chambres, *Léon Blum* dépose, au nom du Groupe, trois propositions de résolution. Répondant à M. Montigny, *Léon Blum* indique que les Socialistes sont prêts à la discussion. Puis il déclare que le Groupe votera contre le Gouvernement, celui-ci refusant de s'expliquer sur les négociations en cours, et il précise le sens du vote, destiné à dissiper l'équivoque parlementaire. Sur la date, le Gouvernement est renversé par 288 voix contre 277.

Une *Feuille d'information* spéciale a retracé le détail des délibérations subséquentes du Groupe et de ses conversations avec M. Daladier, sur l'offre de participation, finalement repoussée par le Conseil National.

Premier Ministère Tardieu.

Le jeudi 7 novembre, Tardieu lit la déclaration ministérielle, au milieu des interruptions socialistes. Au cours des interpellations, *Léon Blum*, *Grumbach*, *Moutet*, *Lafont* présentent des observations. Discours de *Frossard*. Le renvoi au lendemain est ordonné par 310 voix contre 270, la gauche votant contre.

Le 8 novembre, suite du débat. De nombreux camarades interviennent par voie d'interruption. Discours de *Rivière*. Discours de *Bedouce*, en réponse à M. Chéron, Ministre des Finances. *Jules Uhry* présente un additif à l'ordre du jour, visant la sauvegarde des lois laïques. Repoussé par 327 contre 256. L'ordre du jour de confiance est voté par 322 contre 253.

Une série de débats politiques ont par la suite dressé l'opposition contre le Gouvernement. Par exemple, le 5 décembre sur les prérogatives de la Chambre en matière de contrôle financier, avec intervention de *Vincent Auriol* ; le 16 décembre, *Frossard*, interpellant sur les déclarations faites par Tardieu, au Sénat, contre le régime parlementaire, et *Grumbach* prenant le Président du Conseil en flagrant délit de falsification de textes ; le 21 décembre, *Moutet* et *Léon Blum* essayant de sauvegarder les droits du Parlement à propos du réport de l'année budgétaire au 1er avril. Le 29 décembre, Tardieu pouvait lire le décret de clôture de la session extraordinaire.

Mais, le 17 février, M. Chéron ayant posé la question de confiance sur l'article 3 *ter* de la Loi de Finances, le Ministère était renversé par 286 voix contre 281.

Ministère Chautemps

Le 25 février, lecture de la déclaration ministérielle, qui est favorablement accueillie au Sénat, mais déchaîne la tempête à la Chambre. Discours de *Léon Blum*, qui précise l'attitude de soutien prise par le Groupe socialiste. Intervention de *Paul Boncour* contre la clôture. Le Groupe vote la priorité de l'ordre du jour Antériou. Par 292 voix contre 277, le Ministère est renversé.

Second Ministère Tardieu

Le 5 mars, Tardieu lit sa déclaration. Interpellation de *Frossard*, qui dénonce le Ministère des affairistes. Observations de *Bracke* et *Grumbach*. Discours de *Renaudel*. Attaque directe de *Monnet* contre les ministres membres de Conseils d'administration dans les firmes d'engrais. Par 316 voix contre 263 la confiance est votée.

Une série d'escarmouches ont eu lieu depuis, sur divers articles de la Loi de Finances. Prudemment, Tardieu a, en général, évité de poser la question de confiance. A signaler, dans la nuit du 12 mars, la bataille sur les crédits nécessités par la création de nouveaux Ministères, avec interventions d'*Auriol* et de *Lafont*, le Gouvernement l'emportant finalement par 320 voix contre 260.

VII. — QUESTIONS POLITIQUES

(Réformes constitutionnelle, judiciaire et administrative).

1° *Régime électoral*

Un projet de R. P. intégrale a été soumis par *Bracke* à la Commission du Suffrage universel. Un certain mouvement d'opinion se manifestant dans les milieux parlementaires en faveur de la réforme électorale, le Groupe a décidé en principe de soumettre la question au Conseil National qui suivra le Congrès de Bordeaux.

Le 12 mars, sur l'article 137 de la Loi de Finances, *Bracke* intervient en faveur du vote des femmes.

2° *Défense des institutions parlementaires.*

Le 2 juillet, *Frossard* intervient contre la modification apportée aux élections sénatoriales.

Le 5 décembre, débat sur les prérogatives de la Chambre en matière de contrôle financier. Interventions de *Vincent Auriol* et de *Léon Blum* contre Tardieu et la Droite. La Chambre suit le Gouvernement par 350 voix contre 142.

Le 10 décembre, *Vincent Auriol* proteste contre l'abus des rectifications de vote.

Le 16 décembre, interpellation *Frossard* sur les déclarations de Tardieu au Sénat sur le sabotage du régime parlementaire ; intervention de *Grumbach.*

Le 21 décembre, *Moutet* et *Léon Blum* s'efforcent de sauvegarder les droits du Parlement à l'occasion du report de l'année budgétaire au 1er avril.

3° *Laïcité.*

Le 23 mai, *Frossard* demande en vain que soit discutée son interpellation sur la politique religieuse du Gouvernement.

Le 8 novembre, *Jules Uhry* pose la question des lois laïques dans le débat sur la déclaration ministérielle.

Le 19 novembre, question de *Ramadier* au Ministre des Affaires Etrangères, sur le rôle du nonce dans certaines manifestations autant politiques que religieuses.

Le 21 novembre, *Peirotes* insiste sur le régime de l'école confessionnelle et les violations de la liberté de conscience en Alsace-Lorraine.

Le 3 décembre, discours de *Ramadier* dans la discussion générale du Budget de l'Instruction Publique.

Le 5 décembre, intervention de *Jules Uhry* sur le chapitre 132 de l'Instruction Publique.

Le 14 janvier, observations de *Bracke* et *Rauzy* sur le règlement, à propos de l'élection du Bureau.

Le 17 janvier, discours de *Fernand Bouisson* sur les méthodes de travail de la Chambre. *Léon Blum* intervient dans le débat sur les parlementaires emprisonnés.

Le 5 février, sur le chapitre 17 du Budget de l'Air, *Gamard* réclame la reconstitution de la Commission des Marchés. Le 7 février, un incident se produit à ce sujet entre *Gamard* et M. Paul Reynaud ; intervention de *Lafont.*

Le 7 mars, sur l'article 51 de la Loi de Finances, *Lafont* suggère des méthodes de travail plus pratiques.

Le 22 novembre, premier débat sur la création, par Tardieu, de nouveaux ministères. Discours d'*Auguste Reynaud ;* intervention de *Bedouce ;* observations de *Lafont,* contre l'abrogation de l'article 8 de la loi du 20 juin 1920 et en réplique au Président du Conseil. L'ensemble est adopté par 334 voix contre 250. Le 12 mars, nouveau débat sur les crédits nécessités par la création de ministères supplémentaires. *Auriol* et *Lafont* essayent d'empêcher un vote brusqué. Le Gouvernement l'emporte par 320 voix contre 260. Le 27 mars, le Groupe sénatorial vote contre les crédits, après observations de *Fèvre* et *Morizet.*

4° *Questions judiciaires.*

a) Lois scélérates :

Le 23 mai, dès la rentrée parlementaire, débat sur les arrestations préventives du 1er mai. Interventions d'*Albertin* et *Lafont.* Renvoyé à la suite par 326 voix contre 258.

Le 25 juin, interpellation sur l'interdiction d'une manifestation d'Anciens Combattants. Intervention de *Frossard.* Le Gouvernement l'emporte par 291 voix contre 266.

Le 13 novembre, *Monnet* a la parole sur la date de l'interpellation qu'il a déposée avec *Lafont*, sur les scandales de la Police Judiciaire.

Le 19 décembre, *Lafont*, sur le chapitre premier du Budget des Services judiciaires, évoque les incidents de « Concordia ».

Le 17 janvier, *Léon Blum* indique dans quel esprit le Groupe votera la proposition de résolution communiste sur la mise en liberté des parlementaires emprisonnés. Repoussé par 309 voix contre 256.

b) Amnistie :

Le 25 juillet, *Jules Uhry* demande en vain la mise à l'ordre du jour du projet d'amnistie dont il est rapporteur. Intervention de *Frot.*

Le 26 décembre, débat sur la date de l'interpellation concernant la grâce de Léon Daudet et l'amnistie. Intervention de *Moutet.* Renvoyé à la suite par 303 voix contre 266. *Jules Uhry* rapporte, au nom de la Commission de Législation Civile, une proposition de résolution, qui est votée à mains levées, en faveur de l'amnistie.

c) Réforme judiciaire :

Le 26 juillet, examen du projet sur la réforme judiciaire voté par le Sénat. Interventions de *Rucklin* et *Ramadier* dans la discussion générale et sur les articles 5, 9 et 12.

Le 26 novembre, dans la discussion générale du Budget des Services pénitentiaires, discours de *Rémy Roux*, de *Sérol* et de *Félix Gouin*, qui intervient également sur les chapitres 6 et 8.

Le 17 décembre, sur le chapitre 44 de l'Intérieur (Fonds

secrets), interventions de *Jules Uhry*, *Auguste Reynaud* et *Bracke*, pour la suppression.

Le 18 décembre, sur le chapitre 58 des Services pénitentiaires, *Rognon*, *Goujon* et *Peirotes*.

Le même jour, dans la discussion générale du Budget des Services judiciaires, discours de *Rucklin* et *Sérol*, sur la réforme judiciaire. Observations d'*Auguste Reynaud* et de *Moutet*.

Le 19 décembre, observations de *Lebret*, interventions de *Rognon* et *Lafont*, sur le chapitre premier. *Auguste Reynaud* demande le renvoi du chapitre 11. Interventions de *Calvet* sur le chap. 14, et de *Rauzy* sur le chap. 18. Au chap. 23, *Lebret*, *Grumbach* et *Auriol* répliquent au communiste Berthon, qui ergote sur l'amendement Gouin relatif à la contrainte par corps.

5° *Réforme administrative.*

Le 4 juin, discussion sur la date des interpellations *Lafont*, *Février* et *Masson*, relatives à la grève des P.T.T. Intervention de *Lafont*. Renvoyée au jeudi par 318 contre 143. Le 6 juin, discussion des interpellations. Discours de *Février* et de *Lafont*. Réplique de *Frossard* à M. Dalimier sur le droit de grève des fonctionnaires. Le Gouvernement l'emporte par 306 voix contre 247.

Le 11 juillet, *Voilin* intervient au Sénat sur la réorganisation des Contributions indirectes.

Le 21 novembre, *Grumbach* développe les conceptions socialistes sur la réforme administrative en Alsace-Lorraine.

6° *Régime politique et administratif des Colonies :*

Le 14 juin, interpellation sur la politique coloniale. Discours de *Nouelle*, qui insiste sur les scandales de l'A.E.F.

Le même jour, débat sur la date des interpellations relatives à l'affaire d'Aït-Yacoub (Maroc). *Nouelle* et *Renaudel* s'élèvent contre toute expédition au Tafilalet.

Le 21 juin, discours de *Rivière*, *Lafont* et *Locquin* sur les affaires du Maroc. Le 25 juin, interventions de *Uhry*, *Rognon* et *Boncour*, qui fait décider une séance de nuit. Discours de *Renaudel* ; intervention de *Nouelle* ; *Paul Boncour* défend l'ordre du jour socialiste, qui est repoussé par 324 voix contre 254. Le 28 juin, observations de *Gamard* et de *Nouelle*.

Le 2 juillet, question de *Burtin* sur la censure douanière entre l'Algérie et la Tunisie.

Le 13 décembre, interventions de *Sixte-Quenin*, *Uhry* et *Tasso* contre les crédits de la Syrie.

Le 28 janvier, dans la discussion générale du Budget des Colonies, discours de *Nouelle* et de *Sixte-Quenin*. Le 31 janvier, discours de *Moutet* sur le chapitre premier du même Budget.

VIII. — QUESTIONS SOCIALES

1° *Législation du Travail :*

Le 13 juin, examen du projet de loi sur la « conciliation obligatoire ». Le 18 juin, discours de *Lafaye*. Le 21 juin, interventions de *Tellier* et de *Monnet*, et le 25 juin, de *Gamard*, sur l'article 104. *Lafaye, Gamard, Tellier, Paulin, Laroche*, sur l'article 107. *Paulin*, sur l'article 134. *Lafaye*, sur l'ensemble. Adopté par 570 voix contre les onze communistes.

Le 18 novembre, dans la discussion générale du Budget de l'Imprimerie Nationale, *Lebret* intervient en faveur de la Commandite.

Le 28 novembre, discussion générale du Budget du Travail. Discours de *Lafaye* et de *Fié*. Le 30 novembre, intervention de *Laroche*, sur le travail des enfants en usine.

Le 2 décembre, interventions de *Fié, Louis Gros* et *Moutet* sur le chap. 16 ; de *Paulin* sur le chap. 19 ; de *François Lefebvre* et *Rauzy* sur le chap. 27; de *Lebret* sur le chapitre 28 ; de *Lefebvre, Paulin* et *Evrard* sur le chap. 30 ; de *Ramadier, Paulin* et *Fié* sur le chap. 35 ; de *Louis Gros* sur le chap. 144.

Le 7 décembre, *Jules Moch* précise la thèse socialiste sur la rationalisation, en réponse au communiste Doriot.

Le 28 décembre, *Tasso* rapporte le projet de loi sur les assurances des marins.

Le 13 juin, *Ramadier* obtient la mise à l'ordre du jour de la proposition *Lefebvre* sur les caisses de secours aux ouvriers mineurs.

Le 20 octobre, *Evrard* a la parole sur la date de son interpellation relative à de récentes catastrophes minières.

Le 14 novembre, la proposition *Lefebvre* est adoptée sans débat.

Le 2 décembre, *Lefebvre* intervient sur le chap. 30 du Travail (délégués à la sécurité). *Thivrier* sur le chap. 128 (contribution de l'Etat à la Caisse des Retraites).

Le 29 janvier, adoption sans débat de la proposition *Baron* sur les pouvoirs des délégués mineurs.

2° *Assistance :*

Le 28 novembre, discours de *Masson* dans la discussion générale du Budget du Travail.

Le 30 novembre, discours de *Tasso*, intervention de *Laroche*.

Le 2 décembre, interventions de *Ramadier* sur le chapitre 30, de *Moutet* sur le chap. 41 (natalité), de *Masson* et *Fié* sur le chap. 42 (femmes en couches), de *Laville* et *Masson* sur le chap. 43, de *Masson* sur le chap. 47 (familles nombreuses), de *Gardiol* et *Thomas* sur le chap. 48, de *Vassal* et *Masson* sur le chap. 49 (assistance médicale), de *Masson* sur le chap. 54 (enfants assistés), de *Masson* sur le chap. 63 (jeunes aveugles), de *Fié* sur le chap. 71 (enfants anormaux), de *Tellier* sur le chap. 82 (camps de vacances), de *Masson* sur le chap. 100 (tuberculeux).

Le 8 mars, intervention de *Gardiol* sur l'article 70 A (familles dont le soutien est sous les drapeaux) ; *Lafont* fait adopter un nouveau texte, *Masson* sur l'art. 71 (femmes en couches); *Rauzy*, *Masson* et *Luquet* sur l'art. 72.

Le 11 mars, *Tasso* et *Masson* font renvoyer l'art. 73 *bis* (assistance aux vieillards) et l'art. 74 (familles nombreuses).

Le 12 mars, *Tasso* et *Delcourt* sur l'art. 73 *bis*, *Auriol* sur l'ensemble :

Victimes de la Guerre :

Le 22 novembre, *Nouelle* et *Jules Moch* demandent que l'on joigne la question des pensions aux veuves des maréchaux, à la réparation générale due aux victimes de la guerre.

Le 26 novembre, discussion générale du Budget des Pensions : discours de *Burtin*, *Jules Moch*, *Laroche*. Intervention de *Moutet*. Le 27 novembre, intervention de *Frot*, *Rivière* sur le chap. 6. Le 28 novembre, *Rivière*, *Burtin*, *Chouffet*, sur le chap. 7; *Thomas* sur les chapitres 9 et 11 ; *Gounin* et *Masson* sur le chap. 11; *Laroche*, *Rivière*, *Evrard*, *Burtin*, *Tasso*, *Gounin*, *Rognon*, *Luquet*, sur le chap. 13 ; *Frot*, *Lebret*, *Chouffet*, *Evrard*, sur le chap. 14 ; incident entre *Chouffet* et M. Desbons ; *Chouffet* et *Richard* (*Georges*) répondent au Ministre ; *Frot* demande le renvoi, qui est repoussé; question de confiance posée, par 314 voix contre 267 ; *Monnet* sur le chap. 15 ; *Delcourt* sur le chapitre 23 ; *Gardiol* sur le chap. 24 ; *Gardiol*, *Laville*, *Constans*, sur le chap. 25 ; *Burtin* sur le chap. 26.

Le 2 décembre, sur le chap. 144 du Budget du Travail, *Louis Gros* intervient en faveur des victimes de la guerre accidentés du travail.

Le 11 mars, *Rivière* fait mettre, à l'ordre du jour de l'après-midi, l'article 77 C de la Loi de Finances, qui institue la retraite du Combattant. Discours d'*Andraud* ; vote de l'article, *Baron* défend un amendement créant une

Caisse autonome, avec taxe spéciale et progressive sur les revenus supérieurs à 50.000 francs. Observations de *Laville, Frot, Delcourt, Nouelle, Andraud, Bracke, Baron.* Intervention de *Delcourt* en réplique à la Droite. *Léon Blum* sur le vote. Repoussé par 350 voix contre 236. *Vincent Auriol* fait repousser un amendement Jean Goy.

3° *Assurances Sociales :*

Le 30 mai, *Antonelli* et *Moutet* ont la parole sur la date de leur interpellation sur la mise en vigueur des Assurances Sociales. Le Ministre promet que la loi sera appliquée le 5 février 1930.

Le 25 juillet, vote d'un projet de détail adopté par le Sénat ; interventions d'*Antonelli* et *Ramadier.*

Le 22 octobre, *Léon Blum* dépose, au nom du Groupe, une proposition de résolution.

Le 23 janvier, interpellation de la Droite contre la loi. Observations de *Tellier, Nouelle, Boutet, Lebret, Evrard.* Intervention d'*Antonelli*, qui prend acte des déclarations ministérielles.

Le 30 janvier, *Antonelli* demande la discussion immédiate de la proposition de résolution socialiste sur la mise en application de la loi. Intervention de *Léon Blum.*

Le 7 février, suite des interpellations. Discours de *Ramadier*, qui constate que la loi devrait être en vigueur depuis deux jours. Précisions de *Moutet.* Discours d'*Antonelli.* Observations de *Paul Boncour. Léon Blum* défend l'ordre du jour socialiste et pose le problème du monopole des assurances, au milieu des protestations de la Droite. La confiance est votée par 315 voix contre 257, la loi devant entrer en vigueur au 1er juillet.

Le 12 février, examen du projet rectificatif. Observations de *Fié, Fiancette, Antonelli, Masson*, sur l'article premier. Observations de *Lebret. Fié*, sur l'ensemble, indique que le Groupe s'abstiendra.

Le 7 mars, discours de *Voilin*, au Sénat, sur le rectificatif. Le 13 mars, interventions de *Voilin ;* de *Betoulle* et *Voilin* le 14 mars ; de *Voilin* les 18, 19, 20 et 22 ; de *Fèvre* le 22 mars.

Retraites pour la Vieillesse, Retraites ouvrières et paysannes :

Le 2 décembre, interventions de *Thivrier* sur le chap. 126 du Budget du Travail ; de *Paul Faure* sur le chap. 127 ; de *Masson* et de *Fié* sur le chap. 131 ; de *Moutet* sur le chap. 131 *bis ;* de *Louis Gros* sur le chap. 141.

Caisse Nationale d'Epargne :

Le 7 février, dans la discussion générale du Budget, discours de *Goujon*. Observations de *Février*. Intervention de *Lafont* sur le chap. 9.

4° Hygiène et Fléaux sociaux :

Le 18 juin, au Sénat, *Fèvre* intervient dans la discussion du projet sur la tuberculose des bovidés.

Le 18 novembre, dans la discussion générale du Budget de l'Imprimerie Nationale, discours de *Fié* sur l'hygiène et la sécurité des ouvriers de l'Imprimerie.

Le 28 novembre, discours de *Fié* dans la discussion générale du Budget du Travail.

Le 2 décembre, intervention de *Fié* sur le chap. 88 du Budget du Travail ; de *Nicollet* et *Fr. Lefebvre* sur le chap. 95 (tuberculose), et de *Masson* sur le chap. 100.

5° Logement :

a) Loyers.

Le 28 mai, reprise de la discussion de la loi sur les loyers. Interventions de *Luquet* sur les articles 2, 4, 8 et 10 ; de *Peirotes* sur l'art. 5 ; de *Nouelle* sur l'art. 6.

Le 29 mai, nombreuses interventions de *Luquet* ; observations de *Lafont*.

Le 31, interventions diverses de *Luquet ; Rucklin* sur les articles 15 et 16.

Le 4 juin, *Luquet* sur les articles 20, 21, 23, 25, 26 *ter*, 28 *bis*, 31 etc. ; interventions de *Lebret et Frot*.

Le 6 juin, interventions diverses de *Luquet* et *Lafont*. Discours de *Luquet* sur l'ensemble, adopté par 359 voix contre 166, les socialistes votant contre.

Le 21 juin, au Sénat, intervention de *Morizet* sur l'article 4. Le 22 juin, *Reboul* sur l'art. 25 ; *Voilin* sur les art. 21 et 25 et sur l'ensemble ; le Groupe vote contre.

Le 27 juin, *Luquet* sur les articles premier, 2, 11, 14, 15, 20, 25, et sur l'ensemble ; interventions de *Rucklin* et *Lebret*. 331 voix contre 202 ; le Groupe vote contre.

Le 28 juin, au Sénat, *Voilin* sur l'art. 15 ; *Voilin* et *Morizet* sur l'art. 25.

Le 29 juin, à la Chambre, *Luquet* sur les art. 2, 6, 25 *bis* et sur l'ensemble, voté par 367 voix contre 154. Au Sénat, *Voilin* et *Morizet* sur l'art. 25 *bis*. A la Chambre, *Luquet* sur l'art. 27. Ensemble voté par 417 voix contre 149. Adopté par le Sénat sans modification.

b) Locaux commerciaux.

Le 2 juillet est amorcée la revision de la loi de 1926. Discours de *Tasso* dans la discussion générale. Le 5 juillet, intervention d'*Hymans ;* le 9 juillet, observations de *Tasso.*

Le 22 octobre, *Luquet* parle sur la date de son interpellation relative aux loyers commerciaux.

Le 30 novembre, interventions de *Luquet* et *Tasso ;* adoption du projet à mains levées.

Le 21 janvier, examen du projet concernant les locataires commerçants et industriels menacés d'expulsion. Discours de *Luquet,* interventions de *Sérol, Tasso, Lebret, Fiancette.* Le 22 janvier, *Luquet* et *Tasso* font adopter le contre-projet socialiste, qui reprend le texte primitif de la Chambre contre la Commission, par 390 voix contre 177. Le 6 janvier, au Sénat, intervention de *Betoulle.* Le 20 mars, à la Chambre, interventions de *Tasso* et *Luquet.*

c) Habitations à Bon Marché.

Intervention de *Fr. Lefebvre,* le 2 décembre, sur le chap. 107 du Budget du Travail.

IX. — QUESTIONS AGRICOLES

1° *Programme d'ensemble :*

Le 23 mai, *Chastanet* a la parole sur la date des interpellations concernant la crise agricole.

Le 22 octobre, *Léon Blum* dépose deux propositions de résolution ayant trait à l'importation des blés, aux tarifs des engrais, et à l'application des assurances sociales aux travailleurs de la terre. *Chastanet* et *Renaudel* parlent sur la date des interpellations agricoles.

Le 13 novembre, *Chastanet* développe son interpellation sur la crise agricole ; il insiste sur le régime des impôts, le prix des engrais et les spéculations à la Bourse du Commerce.

Le 14 novembre, nombreuses observations socialistes en réplique à divers orateurs. Le 15 novembre, discours de *Jules Moch* sur la crise et ses remèdes ; il insiste sur le prix des transports, les chemins ruraux, et expose le système socialiste de l'office du blé. Le 19 novembre, discours de *Rivière,* qui expose le projet socialiste de nationalisation des engrais. Le 22 novembre, observations de *Monnet, Marsais, Chastanet, Frossard, Jules Moch, Rivière. Frossard* répond au ministre et indique que le groupe votera contre la confiance. Le gouvernement l'emporte par 335 voix contre 251.

Le 24 mars, *Charles Baron* parle sur la date de son interpellation concernant la politique forestière du gouvernement.

2° *Législation rurale :*

Le 14 novembre, intervention de *Lafont* sur le chapitre 106 du budget des Finances.

Le 5 décembre, dans la discussion générale du budget de l'Agriculture, discours de ***Rauzy*** et ***Richard Georges.*** Intervention de *Monnet* contre la clôture, ainsi que de *Vincent Auriol* et de *Lafont.* En séance de nuit, discours de *Monnet.* Le 6 décembre, discours de *Thivrier, Thomas, René Brunet.* Sur le chapitre 1er, *René Gounin, Laroche ;* sur le chapitre 7, *Barthe, Chastanet ;* sur le chapitre 8, *Burtin* et *Monnet ;* sur 11, *Chouffet ;* sur 14, *Goniaux ;* sur 16 et 19, *Héliès ;* sur 23 *bis*, *Chastanet ;* sur 24 et 25, *Burtin ;* sur 49, *Gounin ;* sur 53 et 54, *Barthe ;* sur 54, *Fié ;* sur 57 et 70, *Lafont.* Le 7 décembre, *Cotin et Thomas* sur 92 ; *Brutin* sur 95 ; *Chommeton* sur 98 ; *Laroche* sur 103 ; *Chommeton* sur 108.

3° *Cours commerciaux et tarifs :*

Le 21 juin, *Albertin* prend acte de l'information judiciaire ouverte à la suite du dépôt de son interpellation sur les spéculations des minotiers. Le 9 juillet, *Barthe* expose les modalités de l'accord avec le Luxembourg pour la protection des appellations d'origine.

Le 25 juillet, *Payra* rapporte la proposition *Barthe* réglementant le sucrage des vins. Interventions de *Barthe, Richard Georges, Besnard-Ferron, Héliès.* Le 26 juillet, interventions de *Barthe, Richard Georges, Chouffet.* Vote de l'ensemble à mains levées.

Le 22 octobre, *Albertin* parle sur la date de son interpellation concernant le relèvement des droits de douane sur les blés.

Le 15 novembre, intervention de *Goniaux* sur la culture de la betterave dans le Nord, de *Barthe* sur la crise de la viticulture, de *Tasso* sur l'industrie semoulière.

Le 19 novembre, *Barthe*, à propos du budget du commerce, expose le régime douanier des vins en Pologne. Le 20 novembre, *Barthe* intervient sur l'exportation des vins français et la crise de la viticulture, et l'après-midi sur le blé. Le même jour, *Monnet*, sur le projet de loi relatif au commerce des blés, défend un contre-projet socialiste tendant à organiser un office national. *Compère Morel* appuie le projet, qui reprend celui de 1926 en l'améliorant. *Léon Blum* demande la prise en considération du projet socialiste. Les radicaux, par la bouche de M. Queuille, sont contraints de s'y rallier. Tardieu pose la question de confiance. *Blum* maintient la demande de scrutin : 340 voix contre 245. *Chastanet* fait adopter un amendement au projet gouvernemental contre les spéculateurs. *Jules Moch* intervient sur l'article 2 et présente un amendement qui est repoussé. Le groupe vote un amendement qui est repoussé par 330 voix contre 258, et qui tend à empêcher les importateurs de blé de bénéficier d'une prime à l'exportation. Sur l'article 4, intervention de *Jules Moch, Vincent Auriol* et *Barthe.* Sur l'ensemble, observations et réserves de *Vincent Auriol.* Le groupe vote le texte, adopté par 581 voix contre 3.

Le 21 novembre, discussion du projet de loi sur les sucres. *Vincent Auriol* défend un contre-projet socialiste organisant un office national des producteurs et les consommateurs associés. La prise en considération est repoussée par 355 voix contre 320.

Le 22 novembre, *Luquet, Lafont* et *Goniaux* sur l'article 3. Amendement *Lafont* repoussé par 335 voix contre 250. *Monnet* soutient un amendement transactionnel, qui est repoussé par 325 voix contre 257. *Luquet* se prononce contre l'ensemble du projet. *Barthe, Paulin, Goniaux* voteront pour. *Vincent Auriol* dénonce la politique empirique du gouvernement. Le texte est voté par 505 voix contre 82.

Le 23 novembre, *Voilin* intervient au Sénat dans le débat sur les blés.

Le 26 novembre, retour du projet à la Chambre ; intervention de *Barthe et de Monnet.* Le 27 novembre, *Barthe* intervient au nom de la Commission des Douanes ; *Albertin,* appuyé par *Tasso,* présente un amendement à l'article 7, contre les spéculateurs, et le fait adopter par 294 voix contre 283. L'ensemble est voté par 505 voix contre 1.

Le 28 novembre, au Sénat, discours de *Voilin* sur les sucres.

Le 30 novembre, à la Chambre, intervention *d'Albertin* sur le projet concernant les blés, article 6 *bis* ; Chastanet sur articles 7 et 8. L'ensemble est adopté par 570 voix contre 16.

Le 4 décembre, *Barthe* a la parole sur la date de son interpellation concernant la crise viticole.

Le 29 décembre, discussion du projet sur les vins. Interventions de *Richard Georges, Payra, Laville, Barthe.* L'après-midi, sur le procès-verbal, *Richard Georges* et *Barthe.*

Le 25 mars, nouveau projet sur la concurrence des blés *Rivière* pose la question préalable contre le ministre de l'agriculture, en raison de ses accointances avec le trust des engrais. Discours de *Monnet.* Altercation entre *Paul Faure* et *Tardieu.* Observations de *Tasso, Rémy Roux, Chommeton, Laville.* Sur l'article premier, *Monnet* défend le contre-projet socialiste, repoussé par 345 voix contre

180. Obsevations de *Jules Moch* et *Hymans*. Sur les amendements, *Jules Moch* et *Tasso*. Dans les explications de vote, *Hymans*. Le groupe vote pour le projet qui est adopté, par 572 voix contre 4.

Le 26 mars, *Hymans* fait adopter un amendement, *Bedonce* parle sur l'ensemble, *Hymans* sur le vote ; le projet, retour du Sénat, est adopté à mains levées.

X. — QUESTIONS ECONOMIQUES

1° *Travaux publics :*

a) Régions libérées :

Le 18 novembre, dans la discussion générale du budget : *Delcourt, Goniaux, Deguise, Sérol.*

Le 28 novembre, question orale de *Tricoteaux* sur le remboursement des trop-perçus par les petits sinistrés de bonne foi.

Le 29 décembre, intervention de *Monnet* pour les coopératives de reconstruction et les petits sinistrés.

b) Calamités publiques.

Le 29 décembre, *Lafont* intervient dans la discussion du projet de loi sur la réparation des dommages consécutifs aux calamités publiques en 1929.

Le 6 mars, interpellations sur les désastres du sud-ouest : *Barthe, Jules Moch, Bedouce.*

Le 7 mars, vote d'un premier crédit de cent millions.

Le 24 mars, discussion du projet de réparation. *Barthe* et *Capgras* défendent un contre-projet socialiste ; observations de *Léon Blum*, de *Lafont* et de *Barthe.*

Blum demande en vain une indemnité pour les ouvriers sinistrés réduits au chômage. Intervention de Bedouce. A l'article 2, amendement de *Capgras*, appuyé par *Jules Uhry* et *Bedouce.* Sur l'article 3, *Bedouce* ; sur 6 bis *Capgras ;* sur 9, *Bedouce* et *Ramadier ;* sur 13, *Bedouce*, sur l'ensemble, *Capgras.* Vote par 582 contre zéro.

Le 27 mars, au Sénat, intervention de *Betoulle.*

Le 31 mars, intervention de *Camboulives* sur le projet visant les dommages subis par l'Etat dans les inondations.

c) Transports et voies de communication.

Le 7 décembre, budget des Conventions : dans la discussion générale, discours de *Jules Moch* et de *Ferdinand Morin.* Observations d'*Albertin* et de *Rauzy. Morin, Locquin* et *Paulin* sur le chapitre 105 ; *Goniaux* sur 109 ; *Locquin* sur 112. Le 8 décembre, *Locquin* sur 119 et 122 ; *Baron, Laville, Goniaux* et discours de *Bedouce* sur 123 *bis.*

Le 15 novembre, *Lafont*, sur le chapitre 88 des Travaux Publics, dans le Collectif, pose la question des prestations en nature en fonction du plan Young.

Le 8 décembre, examen du budget des Travaux Publics : observations de *Lebret* et *Lafont*. Discours de *Charles Baron*, au nom de la commission des Mines ; interventions diverses de *Bedouce*, rapporteur du budget. *Andraud* sur le chapitre 1er ; *Gounin* sur 32 ; Lebret sur 35 ; *Gounin* sur 45 ; *Thomas* et *Baron* sur 46 ; *Moutet* et *Besnard-Ferron* sur 66. Incident entre *Bedouce* et le président du Conseil. *Bedouce* développe le plan socialiste d'outillage national et d'équipement économique. *Moutet* et *Lafont* sur 72

Le 9 décembre, *Moutet* sur 76 *bis* ; *Goupin* sur 80 ; nombreuses interventions de *Bedouce* comme rapporteur

Le 7 mars *Lafont* et *Fiancette* sur l'article 63 G de la loi de finances ; *Lafont* sur 63 I.

Le 11 mars, *Lafont* et *Locquin* sur l'article 76. Le 12 mars, *Jules Moch* sur les articles 118 et 120.

d) Marine Marchande.

Le 21 janvier, discours de *Tasso* dans la discussion générale du budget ; observations de *Constans*. Le 23 janvier, observations de *Tasso*. Le 25 janvier, interventions de *Chommeton* et *Tasso ;* discours d'*Auguste Reynaud* et d'*Albertin ;* observation de *Paul Constans*. *Tasso* sur chapitre 6, 19, 22, 29 et 33.

3° *Commerce :*

Voir dans les questions agricoles les débats sur les blés, les vins et les sucres.

Le 25 juillet, *Hymans* parle sur la date de son interpellation relative au crédit artisanal.

Le 31 janvier, interpellation sur la politique douanière : discours de *Barthe*. Le 19 novembre, discours de *Tasso* dans la discussion générale du budget du Commerce ; il insiste sur les revendications des petits commerçants. Le 20 novembre, discours de *Ramadier* sur la réévaluation des bilans. *Laroche* sur le chapitre 19. Le 21 novembre, *Peirotes* expose la situation économique de l'Alsace-Lorraine ; intervention de *Grumbach*.

P.T.T. — Le 6 février, discussion générale du budget, *Lafont* rapporteur. Discours de *Chastanet* et de *Février*. Le 7, intervention de *Grumbach*. Le 10 février, *Peirotes, Rauzy, Paulin, Marquet, Février, Bedouce ;* discours de *Lafont*. Le 11 février, *Masson* et *Fiancette* sur le chapitre 1er ; *Février* et *Masson* sur le chapitre 2 ; *Gounin* sur 3 ; *Février* sur 6 ; *Rauzy* et *Moutet* sur 11 ; *Masson* sur 18.

4° *Mise en valeur des Colonies :*

Le 26 juillet, *Antonelli*, rapporteur, demande l'élévation du plafond d'émission de la Banque d'Algérie.

Le 28 janvier, discussion générale du budget des Colonies : discours de *Nouelle*, qui évoque les événements de l'A.E.F. et de Madagascar ; discours des *Sixte-Quenin*, qui fait le procès des méthodes de colonisations impérialistes. L'après-midi, répliques de *Sixte-Quenin*, *Auriol*, *Moutet*, *Nouelle* au communiste *Doriot*.

Le 30 janvier, intervention de *Frossard* ; observations de *Moutet* et *Baron*. Le 31 janvier, *Sixte-Quenin* ; au chapitre 1er, discours de *Moutet* sur les scandales judiciaires aux colonies. Le 1er février, *Sixte-Quenin*, *Nouelle*, *Renaudel* ; discours de *Sixte-Quenin* contre les thèses communistes.

XI. — QUESTIONS FINANCIÈRES

1° *Stabilisation :*

Le 13 novembre, dans la discussion du budget du ministère des Finances, la question des petits rentiers spoliés est posée. Réplique de *Lafont* au ministre ; *Chastanet* demande le renvoi du chapitre 1er à la commission. Intervention d'*Auriol* ; réponse de *Moutet* au président du Conseil ; discours *d'Ernest Lafont*. Le renvoi est repoussé par 317 voix contre 257.

Le 20 novembre, *Ramadier* pose une fois de plus la question de la réévaluation des bilans.

2° *Fiscalité :*

Le 14 novembre, sur le chapitre 184 des Finances, *Lafont* défend le monopole des allumettes et dénonce les manœuvres de la Svenska.

Le 14 février, grand débat sur la politique financière ; réplique de *Vincent Auriol* à M. de Lasteyrie ; discours de Bedouce, intervention de *Léon Blum* et de *Renaudel*.

Le 17 février, scrutin sur l'article 2 de la loi des Finances, disjoint malgré le gouvernement, par 290 voix contre 270 ; *René Brunet* sur l'article 3 *bis*. *Jules Moch* sur l'article 3 *ter* ; observations de *Lafont*, *Renaudel*, *Bedouce*, intervention de *Locquin* ; sur la disjonction, le ministère est renversé par 286 voix contre 281.

Le 6 mars, sur l'article 13, *Auriol* demande la réduction de la taxe à la première mutation ; observation de *Lafont* ; intervention de *Bedouce* ; les articles 13 et 13 A sont renvoyés à la commission par 303 voix contre 206. *Léon Blum*, appuyé par *Barthe*, obtient le renvoi de l'article 27 A *bis* (chiffre d'affaires) ; *Lafont* et *Tasso* sur 27 C ; *Richerand* sur 27 C *quater*. *Lafont* fait renvoyer à la commission l'article 27 I (casinos et cercles).

Le 21 décembre, discussion du projet reportant au 1er avril la date d'ouverture de l'année financière. *Moutet* pose la question préalable. Discours de *Léon Blum*. La Chambre écarte la question préalable par 420 voix contre 155. Intervention de *Vincent Auriol* sur l'article 1er ; amendement repoussé par 330 voix contre 265.

Le 7 mars, *Fiancette* fait disjoindre l'article 63 K (même objet).

Le 11 mars, *Tasso* et *Masson* sur 73 *bis*.

Le 12 mars, *Auriol* sur l'article 13 E (successions). *Léon Blum* et *Barthe* sur l'article 27 A *bis* (taxe sur les vins). *Lafont* contre l'article 27 I (jeux) et *Moch* contre 27 J. *Auriol* sur l'ensemble du budget ; le groupe vote contre.

Le 31 mars, le Groupe vote contre le 12e provisoire.

Dégrèvements :

Le 31 juillet, *Lafont* fait les réserves nécessaires sur le projet de dégrèvements. Le 22 novembre, *Lafont*, dans la discussion du projet sur les sucres, demande que la consommation soit dégrevée.

Le 29 décembre, au Sénat, discours de *Brenier* sur le projet nouveau de dégrèvements. Le même jour, à la Chambre, *Payra* sur l'article 23, *Fiancette* sur 24, *Lafont* sur l'ensemble.

3° *Fraudes et Protection de l'Epargne :*

Le 28 mai, *Vincent Auriol* et *Lafont* prennent acte des aveux de M. Chéron sur l'extension de la fraude fiscale.

Le 18 novembre, *Delcourt* évoque le scandale de la coopérative de reconstruction de Bailleul.

Le 7 juin, suite des interpellations sur la protection de l'Epargne. Discours de *Monnet* ; réplique de *Chastanet* au ministre ; l'ordre du jour socialiste est repoussé par 328 voix contre 243.

Le 11 juin, examen des projets de loi réglementant la profession de banquier. *Chastanet* dans la discussion générale ; *Sérol* sur l'article 1er ; *Hymans* et *Monnet* sur l'article 3 ; intervention de *Lafont*.

Le 13 juin, le groupe vote l'ensemble ; *Albertin* obtient la mise à l'ordre du jour de la proposition *Félix Gouin* sur la protection de l'épargne.

Le 13 novembre, discours de *Chastanet* dans la discussion générale du budget des Finances.

Le 14 novembre, sur le chapitre 51, *Chastanet* demande la protection des capitaux français placé à l'étranger.

Le 2 décembre, sur le chapitre 141 du Travail, *Louis Gros* fait le procès des compagnies d'assurances.

4° *Fonctionnaires :*

Traitements et pensions. — Le 14 novembre, sur le chapitre 32 des Finances, *Delcourt* et *Lafont* en faveur des pensionnés civils.

Le 29 décembre, débat sur le rajustement des traitements ; observations de *Frossard, Lafont, Lebret ; Locquin* demande le renvoi pour application des 9.000 au 1er juillet 1929. Intervention de *Delcourt, Barthe, Lafont.* L'après-midi, observation de *Frossard, Andraud, Bedouce, Nouelle;* intervention de *Lafont ;* renvoi repoussé par 305 voix contre 275. Sur l'article 1er, *Bedouce, Nouelle, Renaudel.*

Le 7 mars, *Delcourt* sur l'article 58 B ; *Albertin* sur 59 *bis.* Le 12 mars, *Auriol* sur 58 B, *Delcourt* sur 59 *bis ; Lafont* et *Renaudel* sur 60.

Cheminots. — Le 23 mai, *Jules Moch* obtient que son interpellation sur les salaires des cheminots vienne le lendemain. Le 24 mai, *Jules Moch* développe son interpellation. Intervention de *Paul Constans, Rognon, Moutet, Bracke.* Réponse de *Jules Moch* au ministre des Travaux publics, qui obtient 274 voix seulement contre 272, et que les rectifications de vote mettront en minorité.

Le 7 décembre, discours de *Jules Moch* dans la discussion générale du budget des Conventions ; observations d'*Albertin* et de *Rauzy ; Morin* sur le chapitre 105 (réintégration des révoqués).

Le 8 décembre. intervention de *Gounin* et *Lebret* (fonctionnaires du contrôle).

Catégories diverses :

Le 25 juillet, *Chouffet* parle sur la date de son interpellation relative aux pensions des employés des P.T.T.

Le 14 novembre, sur l'article 28 du Collectif (services spéciaux du Trésor), *Lafont* proteste contre la prétention de trancher à cette occasion la question du cadre local en Alsace, Le même jour, *Delcourt* sur le chapitre 95 des Finances (douanes) ; *Lafont* sur 143 (comptables des P.T.T.); *Albertin* et *Rémy Roux* sur 170 (douanes) ; *Delcourt* sur 172 (douanes) ; *Lafont* sur 184 (manufactures de l'Etat).

Le 18 novembre, sur le chapitre 4 des Régions libérées, *Monnet.*

Le 21 novembre, *Gounin,* sur le chapitre 1er de l'Enseignement technique.

Le 26 novembre, *Sérol* et *Gouin* pour le personnel pénitentiaire.

Le 5 décembre, *Burtin* sur 140 et 150 de l'Instruction publique.

Le 8 décembre, *Moutet* pour les cantonniers.

Le 13 décembre, sur le chapitre 40 de la Guerre, *Gounin* et *Rognon* réclament le salaire national pour les travailleurs de l'Etat ; *Tasso*, sur le chapitre 48, intervient pour les agents militaires.

Le 14 décembre, *Albertin* demande le salaire national pour le personnel des Poudres.

Le 19 décembre, *Auguste Reynaud*, sur le chapitre 11 des Services judiciaires, demande le relèvement des traitements des magistrats.

Le 20 décembre, dans le budget de la Marine, *Renaudel* et *Gounin* demandent le salaire national pour les travailleurs des arsenaux ; *Locquin* sur le chapitre 2. Voir en outre budget des P.T.T., de l'Instruction publique, etc.

XII. — QUESTIONS D'ENSEIGNEMENT

1° *Défense de l'Ecole :*

Voir laïcité dans « Questions politiques ». Le 27 juin, *Masson* a la parole sur la date de son interpellation concernant les incidents de l'Ecole normale de Quimper. Le 20 novembre, *Thomas* dénonce la proportionnelle scolaire camouflée à laquelle aboutit parfois la taxe d'apprentissage.

Le 4 décembre, sur le chapitre 12 du budget de l'I.P., *Félix Gouin* évoque les incidents de la Faculté d'Aix. Le 5 décembre, sur le chapitre 135, *Rémy Roux* et *Jules Uhry* interviennent contre un amendement Xavier Vallat tendant à établir une proportionnelle scolaire détournée ; repoussé par 430 voix contre 165.

2° *Réformes :*

a) D'ensemble :

Le 3 décembre, discussion générale du budget de l'I.P. Discours de *Blancho, Locquin, Ramadier.*

Le 12 mars, grand débat sur l'Ecole unique, à propos de l'article 67 B de la loi de Finances, étendant la gratuité scolaire à la sixième dans tous les établissements secondaires. Discours de *Bracke* ; discours de *Léon Blum* avant le vote ; article adopté par 292 voix contre 286 ; observation de *Locquin* sur la portée du vote.

b) Partielles :

Le 15 novembre, sur le chapitre 17 *bis* du Collectif, *Tasso* et *Gardiol* pour la création d'une Faculté de Médecine à

Marseille. Le 3 décembre, nouveau débat sur le même sujet. *Tasso* fait rétablir l'article supprimé par le Sénat.

Le 15 novembre, sur l'article 36, intervention de *Barthe* en faveur des postes déshérités ; observation de *Tasso*. Le 21 novembre, *Peirotes*, et le 26 novembre, *Grumbach*, sur l'enseignement en Alsace-Lorraine.

Le 27 novembre, au Sénat, *Fèvre* intervient pour les constructions scolaires. De même à la Chambre, *Cadot*, le 3 décembre, sur l'article 35 du Collectif.

Le 4 décembre, dans la discussion générale du budget de l'I.P., observation de *Rémy Roux* et de *Bracke* sur l'hygiène scolaire ; intervention de *Gardiol*. Sur le chapitre 1er, discours de *Félix Gouin*. *Gardiol* sur le chapitre 15 ; *Bracke* sur 39 ; *Bracke* et *Jules Moch* sur 79 ; *Bracke* sur 80 ; *Jules Moch* sur 84, 91 et 101 ; *Rémy Roux* sur 107 ; *Bracke* sur 112 ; *Roux* sur 119 ; *Goniaux* et *Moch* sur 120 ; *Marquet* sur 123 ; *Burtin* sur 125, 126, 128 ; *Cadot* sur 130.

Le 5 décembre, *Jules Uhry* et *Burtin* sur 132 ; *Cadot* sur 134 ; *Burtin* sur 140 et 150.

Le 8 mars, sur l'article 67 C de la loi de Finances, *Epinasse* et *Masson*. Le 12 mars, *Cadot* sur l'article 101.

3° *Beaux-Arts* :

Le 9 décembre, *Locquin*, rapporteur du budget ; observations de *Léon Blum*, *Lafont* sur le chapitre 26, *Monnet* sur les chapitres 44 et 76.

Le 12 février, discours de *Rivière*, qui interpelle sur l'enlèvement d'un tableau pacifiste du Salon par ordre du Préfet de Police.

4° *Enseignement technique et agricole* :

Le 20 novembre, dans la discussion générale du budget, discours de *Thomas*.

Le 21 novembre, intervention de *Spinasse*, rapporteur ; observation de *René Gounin*, intervention de *Laroche*. Sur le chapitre 1er, *René Gounin*, *Thomas* et *Tasso*. Sur le chapitre 10, *Félix Gouin*, *Thomas*, *Nouelle*. Sur le chapitre 12, *René Gounin* ; sur le chapitre 23, *Sérol*, *Thomas*, *Burtin*, *Delcourt*, *Hubert Rouger*. Sur le chapitre 35, *Thomas* et *Gardiol*. Le 29 mars, au Sénat, *Laudier* sur chapitre 12.

Le 8 mars, débat sur l'article 67 D de la loi de Finances, versant au Technique des sections spéciales des E.P.S. *Gamard* demande le renvoi ; exposé de *Spinasse*. Intervention de *Delcourt* sur l'article 67 E.

Le 12 mars, disjonction de l'article 67 D, retour du Sénat et renvoi à la Commission de l'Enseignement ; intervention de *Spinasse*.

Le 15 novembre, *Jules Moch* pose le problème de l'enseignement agricole, dans son interpellation.

Le 6 décembre, intervention de *Burtin*, *Monnet*, *Chouffet* sur les chapitre 8 à 11 du budget de l'Agriculture ; *Goniaux* sur 14 ; *Héliès* sur 16. Le 7 décembre, *Burtin* sur 95.

5° *Education Physique :*

Le 5 décembre, intervention de *Février* sur le chapitre 8 du budget ; *Burtin* sur le chapitre 9.

XIII. — QUESTIONS MILITAIRES

1° *Armée :*

Le 31 mai, interpellation sur l'affaire du colonel-médecin Léon ; intervention de *Fié ;* l'ordre du jour socialiste est repoussé par 287 voix contre 235.

Le 2 décembre, *Masson*, sur le chapitre 108 *bis* du Travail, proteste contre les crédits affectés aux logements des officiers et sous-officiers. Le 10 décembre, discussion générale du budget de la Guerre. Observations de *Rivière*, *Gamard*, *Laville*. Discours de *Chouffet*, qui insiste sur les gaspillages de l'Etat-Major ; observations de *Paul-Boncour*, *Nouelle*, *Grumbach*, *Baron*.

Le 11 décembre, *Laville*, au nom du Groupe, demande le renvoi du budget à la commission ; repoussé par 445 voix contre 114. Observation de *Février ;* discours de *Rivière*, au chapitre 1er, sur la guerre chimique et les fortifications de l'Est. Réplique de *Rognon* aux communistes ; observation de *Paul-Boncour*, *Rucklin* sur le chapitre 12 ; *Rognon* sur les chapitres 16 à 23, dont il demande le renvoi, repoussé par 307 contre 268 ; sur le chapitre 17, accrochage à propos du prêt du soldat, dont *Vincent Auriol* demande le relèvement à 1 fr. ; observations de *Grumbach* et *Rognon* ; le renvoi est repoussé par 308 voix contre 276. *Paul-Boncour* demande la réduction des périodes de réserve ; intervention de *Renaudel* ; vote à la tribune, annulé faute de quorum, sur un amendement Emile Faure ; observations de *Lafont* et *Brake* sur le vote.

Le 12 décembre, vote au scrutin public ; l'amendement est repoussé par 316 voix contre 255. *René Gounin* et *Besnard-Ferron* sur le chapitre 17 ; *Morin* sur 29 ; *Rognon* sur 32. Le 13 décembre, *Gounin* et *Rognon* sur le chapitre 40 ; *Morin* et *Mistral* sur 46 ; *Gounin* et *Rognon* sur 47 ; *Tasso* sur 48. Au chapitre 96 (Armée du Levant), *Sixte-Quenin* demande le renvoi, repoussé par 320 voix contre 247 ; *Uhry* et *Tasso* interviennent pour un amendement Andraud, qui réduit les crédits, et est repoussé par 325 voix contre 249.

Le 14 décembre, discussion générale du budget des Poudres ; intervention d'*Albertin* ; discours de *Baron* sur la guerre chimique ; réplique du même au communiste Piquemal. Le 27 décembre, protestation de *Renaudel* contre la discussion brusquée du projet de fortification.

Le 28 décembre, au Sénat, discours de *Voilin* contre le projet de fortification des frontières, qui est voté par 274 voix contre 26. Le même jour, à la Chambre, interventions de *Laville, Burtin, Thomas, Cotin,* contre le projet, qui est voté à mains levées.

Le 21 janvier, interpellation *Hymans* sur l'organisation du haut-commandement. Observations de *Frot, Evrard, Grumbach, Lebret, Richard Georges.* Renvoyé à la suite.

Le 26 mars, au Sénat, discours de *Laudier* dans la discussion générale du budget de la guerre. Interventions de *Voilin* et *Laudier* sur le chapitre 40 ; de *Morizet* sur le chapitre 60.

2° Marine Militaire :

Le 19 décembre, dans la discussion générale du budget de la Marine, discours de *Paul-Boncour* sur le désarmement naval. Le 20 décembre, discours d'*Auguste Reynaud* ; observations de *Renaudel, Reynaud, Boncour* ; intervention de *René Gounin. Locquin* sur le chapitre 2 ; *Renaudel* sur le chapitre 6.

Le 21 décembre, *Renaudel* sur 12, 14, 21, 25 et 34 ; *Gounin* sur 21.

Le 27 décembre, *Renaudel*, au moment du réglement de l'ordre du jour, s'élève contre la prétention du gouvernement de faire voter sans délai 4 à 5 milliards de crédits afférents aux fortifications de l'Est et au programme naval. L'ajournement en janvier est repoussé par 355 voix contre 231.

Le 5 février, adoption à mains levées, après discours de *Tasso*, d'une proposition de résolution tendant à la réduction du service des inscrits maritimes.

3° Aéronautique :

Le 23 mai, intervention de *Richard Georges* à propos de l'accident d'aviation du Camp d'Avord. Le 18 juin, *Hymans* parle sur la date de son interpellation relative à l'accident du meeting de Toulouse.

Le 3 février, discussion générale du budget de l'Air : discours de *Gamard* et de *Boudet*. Le 5 février, discours de *Paulin* et intervention de *Boudet* au chapitre 1er. Discours de *Renaudel*, rapporteur. Observation de *Boudet* , répliques d'*Evrard, Gounin, Jules Moch,* au communiste

Doriot. Sur le chapitre 17, *Gamard*, appuyé par *Rivière*, soutient un amendement, repoussé par 405 voix contre 181, et demande le rétablissement de la commission des marchés. Nombreuses répliques des membres du Groupe aux provocations de M. de Tastes. *Boudet* sur le chapitre 18 ; *Paulin* sur 34 ; *Jules Moch* sur 40, 41 et 42 ; amendement *Gamard* à 41 ; *Paulin* sur 42 ; *Hymans* sur 49 ; *Boudet* sur 51 ; *Marquet* sur 54.

Le 7 février, incident *Gamard Paul Reynaud.*

Le 29 mars, au Sénat, *Voilin* sur les chapitres 41 et 53 ; *Laudier* sur 53.

XIV. — QUESTIONS INTERNATIONALES

1° *Dettes interalliées :*

Le 23 mai, le Groupe dépose une proposition de résolution réservant la priorité des payements de l'Allemagne à la restauration des régions dévastées.

Le 4 juin, débat sur la date des interpellations concernant les dettes. Discours de *Renaudel ;* intervention de *Vincent Auriol.* Le gouvernement l'emporte par 321 voix contre 249, mais est obligé de promettre que rien ne sera fait hors du contrôle parlementaire.

Le 27 juin, Poincaré demande l'ajournement de la discussion. Franklin-Bouillon demande l'ouverture de nouvelles négociations avec les Etats-Unis. *Léon Blum* supplie la Chambre de renvoyer au lendemain et de ne pas se laisser aller à une démagogie puérile.

Séance de nuit : discours de *Léon Blum ;* intervention de *Grumbach, Auriol, Lafont.* Le groupe vote contre la proposition de résolution acceptée par le gouvernement.

Le 9 juillet, intervention de *Vincent Auriol, Grumbach, Frossard, Lafont, Uhry, Renaudel,* sur la procédure et la date du débat. Le 11 juillet, discours de Poincaré ; en réponse, *Vincent Auriol* rappelle ce qu'a été la politique constante du Parti Socialiste. Le 12 juillet, intervention d'*Auriol* et de *Léon Blum.* Le 16 juillet, *Vincent Auriol* parle contre la motion d'ajournement Dubois, repoussée par 304 voix contre 239. *Moutet* réplique à Franklin-Bouillon. *Léon Blum* défend la motion socialiste qui reprend la proposition de résolution du 23 mai et lie la liquidation de la guerre à une politique de pacification réelle, et il fait la critique du plan Young en ce qui concerne les réparations.

Le 17 juillet, *Léon Blum* répond à Briand et insiste sur l'évacuation nécessaire de la Rhénanie. Le 18 juillet, discours de *Vincent Auriol*, qui retrace les erreurs des dix dernières années. Discours de *Grumbach*.

Le 20 juillet, *Lafont* et *Frossard* protestent contre la procédure suivie. La ratification des accords est votée par 300 voix contre 292, les socialistes votant contre. En séance de nuit, *Vincent Auriol* et *Frossard* obtiennent le renvoi au jeudi du projet Lillaz sur les voies et moyens. Le 25 juillet *Blum* et *Lafont* font repousser le projet Lillaz, par 325 voix contre 281.

Le 26 juillet, discours de *Reboul* au Sénat sur les accords, votés par 234 voix contre 29.

2° *Les négociations de La Haye et le plan Young :*

Le 31 juillet, discours de *Frossard*, interpellant Briand avant son départ pour La Haye. Le 22 octobre, intervention de *Léon Blum* ; chute du ministère Briand. Voir interpellations lors de la déclaration ministérielle des deux ministères Tardieu.

Le 20 décembre, au Sénat, interpellation sur les accords de La Haye : *Bruguier* explique le vote du groupe, qui s'abstient, approuvant dans l'ensemble la politique extérieure, mais refusant sa confiance au gouvernement.

Le 23 décembre, dans la discussion générale du budget des Affaires Etrangères, discours de *Grumbach*. Le 24 décembre, discours de *Bracke*. Le 27 décembre, discours de *Paul-Boncour* et de *Renaudel*.

Le 28 décembre, interpellations sur la Banque des règlements internationaux ; observations de *Moutet* et *Boncour* ; discours de *René Brunet* ; observations de *Grumbach* et *Jules Moch*. La priorité pour l'ordre du jour Bonnet, votée par le groupe, est repoussée par 316 voix contre 271. L'ordre du jour de confiance Thomson est voté à mains levées.

Le 20 mars, dépôt du projet sur le plan Young. Le 27 mars, observations de *Léon Blum* et *Grumbach* en réponse à Louis Marin. Discours de *Grumbach* ; accrochage avec Tardieu, que *Bracke* qualifie comme il convient. Intervention de *Léon Blum*. Vote sur la motion d'ajournement Léon Meyer, repoussée par 319 voix contre 262, les socialistes votant pour, bien que favorables à la ratification.

Le 28 mars, discours de *Paul-Boncour*. Le 29 mars, observations de *Vincent Auriol* et de *Léon Blum* ; discours de *Grumbach* en réponse à Tardieu ; observations de *Léon Blum, Rivière, Renaudel*. Discours de *Léon Blum*, qui renouvelle ses interventions sur le vote et appuie le texte de la commission des Finances. L'ensemble est voté par 545 voix contre 40. Le Groupe a voté pour. Sur l'article 1er et l'ensemble, *Frot* et *Nicollet* se sont abstenus.

3° *Questions diverses :*

Le 22 octobre, *Lafont* a la parole sur la date de son interpellation concernant les tractations Paul Reynaud-Rechberg.

Le 21 novembre; interpellation Franklin-Bouillon sur la Sarre ; discours de *Grumbach* en faveur de négociations rapides. La date du 29 est repoussée par 244 voix contre 237. Le 12 décembre, *Sixte-Quenin, Uhry, Tasso* interviennent au chapitre 96 du budget de la guerre contre les crédits de la Syrie.

Le 19 décembre, dans la discussion générale du budget de la Marine, discours de *Paul-Boncour* sur le désarmement naval et la conférence de Londres.

Le 23 décembre, examen du budget des Affaires étrangères. Dans la discussion générale, discours de *Grumbach ;* observations de *Bracke.* Le 24 décembre, discours de *Bracke*, observations de *Laville, Grumbach, Lafont.* Le 26 décembre, observations de *Nicollet, Renaudel, Grumbach.* Le 27 décembre, observations de *Grumbach* en réplique à Francklin-Bouillon. Intervention de *Paul-Boncour.* Observations de *Grumbach* et de divers camarades en réponse à Louis Marin. *Renaudel,* en réponse à Tardieu, mène une vive attaque sur le terrain de la politique générale. On vote sur le renvoi du chapitre 1er à la commission. Le Groupe s'abstient. *Grumbach* sur le chapitre 35.

Le 7 mars, *Paul-Boncour,* au nom de la commission des Affaires étrangères, présente une proposition de résolution félicitant le président Masaryk.

XV. — QUESTIONS MUNICIPALES ET DEPARTEMENTALES

Le 13 novembre, *Chastanet,* dans la discussion des Finances, intervient sur les avances aux communes.

Le 14 novembre, intervention de *Mistral* et *Lafont* sur le chapitre 166 du budget des Finances sur la centralisation des services administratifs dans les villes ; sur le chapitre 201, *Mistral* et *Tasso* demandent que les villes bénéficient des prestations en nature.

Le 24 novembre, *Peirotes* expose la situation communale en Alsace-Lorraine.

Le 16 décembre, dans la discussion générale du budget de l'Intérieur, discours de *Uhry,* qui examine le régime fiscal des communes et des départements. Intervention de *Nouelle* sur les emprunts communaux, l'application de la propriété commerciale aux communes et aux départements, sur les subventions pour travaux d'hygiène.

Le 17 décembre, sur le chapitre 1er de l'Intérieur, 3e partie, *Nouelle* demande l'institution d'une taxe sur les plus-values de terrains et d'immeubles en faveur des communes. Intervention de *Vassal* sur le chapitre 21, de *Boutet* sur 35. Le 18 décembre, *Rognon*, *Goujon* et *Peirotes* sur 58.

Le 29 janvier, examen du projet de loi sur la zône ; discours de *Marsais*.

Le 11 février, au Sénat, discours de *Morizet* sur sa proposition concernant le Conseil général de la Seine, qui est adoptée.

Le 6 mars, sur l'article 19 A *bis*, exonérant les emprunts communaux, observations d'*Evrard*, intervention de *Jules Uhry*. Le 7 mars, *Lafont* sur l'article 63 J (centimes départementaux). Le 11 mars, *Jules Uhry* et *Nouelle* sur l'article 77 (avances aux communes). Le 12 mars, *Jules Moch*, sur l'article 120 (subventions pour les transports automobiles départementaux).

Marcel DÉAT,
Secrétaire administratif du Groupe Socialiste au Parlement.

TABLE DES MATIÈRES

TABLE DES MATIÈRES

BIBLIOTHÈQUE NATIONALE R.F. IMPRIMÉS

IMPRIMERIE
LA PRODUCTRICE
51, Rue Saint-Sauveur
PARIS

www.ingramcontent.com/pod-product-compliance
Ingram Content Group UK Ltd.
Pitfield, Milton Keynes, MK11 3LW, UK
UKHW020150220726
13923UKWH00001B/457

9 782329 037509